AF550450

Impressum
前言

Bibliografische Information der Deutschen Nationalbibliothek
Die Deutsche Nationalbibliothek verzeichnet diese Publikation in der Deutschen Nationalbibliografie; detaillierte Daten sind im Internet abrufbar über: www.dnb.de

Originalausgabe
Chinesisch kochen mit Elsie

1. Auflage, Januar 2024
Ein Imprint der C. Klein & J. Helbig GbR,
Hortensienstraße 26, 40474 Düsseldorf.

Autor: Ai Xianhui
Illustration: Ai Xianhui
Lektorat: Kris Madeleine Paetschke
Gestaltung: Christopher Klein, KLHE-Verlag
ISBN: 978-3-98538-143-2

Mehr zum Verlag auf:
www.klhe.de

Inhalt
目录

Wissenswertes

Vorwort 4
Erklärung zum Buch 8
Gängige chinesische Garmethoden 9
Gewürze, die in diesem Buch verwendet werden 11
Die Geschichte des Reises 13
Etwas über Tofu 18
Magische Essstäbchen 20
Wissenswertes über die chinesische Esskultur 22
Lass uns kochen! 25

Rezepte (einfach)

Yangchun-Nudeln 26
Tigerfell-Muster Grüne und Rot Spitzpaprika 28
Vegetarische Gemüsepfanne aus Nordchina 30
Vegetarische Gemüsepfanne aus Südchina 32
Tofu mit würziger Soße - perfektes Sommergericht 34
Hausgemachte Chili-Soße 36
Gurkensalat nach chinesischer Art 38

Eier-Pfannkuchen mit Bärlauch: Gesundheitspower! 40
Traditioneller Garnelen-Eier-Eintopf 42
Fruchtiges Rührei mit Tomaten 44
Marmorierte Teeblatt-Eier 46
Goldgebratener Reis mit Bio-Ei 48

Schweinefleisch süßsauer mit Ananas 50
Enoki-Pilz-und-Bacon-Röllchen 52

Inhalt
目录

Rezepte (einfach)

- Gebratene Schweinefiletscheiben mit Gemüse 54
- Gebratene Hühnerbrust mit Orkan 56
- Hähnchenflügel mit Salz und Pfeffer 58
- Sautiertes Rindergeschnetzeltes auf Sellerie 60
- Klassische gebratene Nudeln 62
- Reis mit Schinkenwürfel und pak Choi (Shanghai-Stil) 66
- Prinzessbohnen mit gebratenen Schinken-Speckwürfeln 68
- Gebratener Bauchspeck mit köstlichem Spitzkohl 70
- Gedämpfter Fisch (Heilbutt oder Kabeljau) 72

Rezepte (mittel)

- Verfeinerte Kartoffelstreifen aus China 74
- Geschmorte Schweinshaxe aus dem Reich der Mitte 78
- Kung-Pao-Hühnchen 82
- Hausgemachter Reistopf 85
- Auberginen-Eintopf: Fisches Geschmackserlebnis pur 87
- Gebratener Blumenkohl im Wok 89
- Berühmte Sichuan Dan-Dan-Nudeln 91
- Fantastisches Bang-Bang geschnetzeltes Hähnchen 95
- Saftiger Garnelen-Tofu-Auflauf in Tomatensoße 97
- Frische Garnelen und Vermicelli im Topf 99

Rezepte (schwer)

- Luftgetrocknetes Schweinefleisch mit Sojasoße 103
- Hausgemachte gebratene Ente aus dem Ofen 107
- Berühmt: Klassische Shanghai-Klöße aus der Pfanne 111

Vorwort
前言

Ist dies ein Rezeptbuch? Oder ist es ein Comicbuch?
Vielleicht kommt Ihnen diese Frage auf den nächsten Seiten. Der ursprüngliche Grund, dieses Buch zu schreiben, war die einfache Idee, meine schönsten Kindheitserinnerungen festzuhalten.

Ich heiße Elsie (Chin. Ai Xianhui) und bin in einer ganz besonderen Zeit in China aufgewachsen. Als ich geboren wurde, ging die „Kulturrevolution" gerade zu Ende. Es war die Zeit der Reformen und der Öffnung - eine seltene Gelegenheit in Chinas jahrtausendelanger Geschichte der Abschottung.

Alles war so lebendig, die soziale und wirtschaftliche Entwicklung verlief rasant und das materielle Leben der Menschen veränderte sich von Tag zu Tag. Es war ein großer Segen, in einer solchen Atmosphäre der Hoffnung und Vitalität aufzuwachsen.

Ohne Krieg und Hungersnot, hatte ich die Möglichkeit, meine Träume zu verwirklichen und sie zu verfolgen, und die Welt außerhalb sehen. Meine Generation hat wohl am meisten vom wirtschaftlichen Aufschwung Chinas in den letzten vier Jahrzehnten profitiert.

Vorwort

前言

Ich erinnere mich, dass sich das materielle Leben zu Beginn der Reformen und der Öffnung zwar rasch verbesserte, sich aber immer im internationalen Vergleich noch auf äußerst niedrigem Niveau befand. Auf dem Tisch waren nicht viele Zutaten, aus denen man wählen konnte, und die täglichen Rezepte vieler Familien waren eintönig und wiederholten sich nahezu täglich. Man konnte sich zwar endlich satt essen, aber nicht unbedingt durch gutes, wohlschmeckendes oder gar gesundes Essen.

Meine Situation war etwas speziell, denn ich hatte einen liebevollen Vater, der gerne kochte. Er war ehemaliger Profisportler und besaß Gene, die sich durch Trotz und Positivität auszeichneten. Er war ein leidenschaftlicher Mann, dessen Liebe zum Leben und zur Familie sich in seiner Kochkunst wiederfand. Jeden Tag lernte er etwas über das Essen, und arbeitete hart an seinen Kochkünsten. Das Essen wurde zur obersten Priorität im Leben. Seiner Meinung nach heißt es: „Essen gut, alles gut".

Als seine Tochter war ich kulinarisch gesegnet. Die heilende Wirkung von köstlichen Gerichten begleitete mich durch meine gesamte Kindheit. Es gibt keine schlechte Laune, die nicht durch ein gutes Gericht behoben werden könnte, und wenn doch, dann nimmt man einfach ein zweites Gericht dazu – fertig.

Ich erinnere mich lebhaft an die Bilder und Geräusche meines Vaters, der fieberhaft in der Küche arbeitete. Drei Mahlzeiten am Tag, fast jeden Tag, mit einer anderen Rezeptur-Anordnung. Das tägliche gemeinsame Essen war ein Ritual und eine gute Gelegenheit für die Familie, zusammenzukommen und zu reden.

Vorwort
前言

Die Kochkünste meines Vaters waren in der Gemeinde weithin bekannt, und es war eine Ehre, von ihm zum Essen eingeladen zu werden. Bekannte und Freunde, die von der Leidenschaft meines Vaters wussten, stellten mich mit den Worten vor: „Dieses Mädchen ist mit gutem Essen aufgewachsen!" Als Kind habe ich jedoch nichts davon gespürt. Es war ja ganz normal für mich. Erst als ich erwachsen wurde, vor allem nach dem Tod meines Vaters, und als ich das Oberhaupt meiner eigenen Familie wurde und für meine Kinder kochte, stellte ich überrascht fest, dass sich die Gerichte, die mein Vater zubereitet hatte, wie von Zauberhand in mein Gedächtnis eingeprägt hatten. Die täglichen Mahlzeiten, die ich heute zubereite, sind fast immer Nachahmungen der Familienrezepte von damals. An diesem Punkt spürte ich wieder seine Liebe. Das erleichterte meine tiefe Sehnsucht nach ihm.

Heute lieben auch meine Kinder diese Gerichte. Also wollte ich diese Rezepte mit eingängigen Zeichnungen aufschreiben und sie an die nächste Generation weitergeben. Es sind aber nicht nur die Rezepte, die weitergegeben werden, sondern auch die Liebe. Ich wünsche, dass die Kinder meiner Kinder in vielen Jahren mit Interesse dieses Buch lesen und versuchen, diese Gerichte selbst zuzubereiten. Wenn ich daran denke, reise ich in die Zukunft und sehe das Lächeln und die Freude in ihren Gesichtern.

Zufällig interessierte sich der Verleger Christopher Klein (KLHE) für das Buch und war bereit, mir zu helfen, zahlreiche Schwierigkeiten zu überwinden und es zu veröffentlichen. Frau Kris Paetschke viel Arbeit in die Überarbeitung des Textes gesteckt. Vielen Dank an sie für ihre anhaltende Unterstützung und Ermutigung.

Im Zeitalter der rasanten Informationsexplosion im Internet ist die Welt derzeit etwas unübersichtlich. Wenn dieses Buch etwas Glück und Heilung bringen kann, wenn es einen kleinen Beitrag dazu leisten kann, mutige und liebevolle Menschen zu besänftigen, dann ist das für mich der größte persönliche Segen.

Ich möchte auch meinem Mann und meiner Tochter für ihr langjähriges Vertrauen und ihre Toleranz mir gegenüber danken. Ohne sie wäre die Fertigstellung dieses Buches nicht denkbar gewesen.

Ich hoffe, Sie werden dieses Buch mit einem leichteren Herzen lesen. Die Rezepte enthalten zwar klassische Zutaten und Schritte, aber bitte seien Sie nicht daran gebunden. Sie sind völlig frei, Ihren eigenen Geschmack und Ihre Fantasie einzubringen, kreativ zu sein und den Kochprozess nach Belieben zu individualisieren.

Ich hoffe auch, dass Sie sich über die Cartoon-Illustrationen amüsieren werden, wie ein chinesisches Sprichwort sagt: „Lach einfach mal! Denn jedes Lachen macht Sie 10 Jahre jünger".

Aber bitte lachen Sie nicht zu viel,
sonst sind Sie wieder ein Baby!

Erklärung zum Buch
前言

Damit dieses Buch so praxisnah und leicht verständlich wie möglich wird, habe ich mir ein paar Hinweise überlegt, die es erlauben, mit einem schnellen Blick die wichtigsten Informationen zum jeweiligen Rezept herauszulesen.

Schwierigkeit:

Je mehr Lampions, umso schwieriger das Rezept. Es gibt Rezepte mit einem, zwei und drei Lampions. Ich empfehle, nicht direkt mit einem Rezept der schwierigsten Stufe zu beginnen.

Dauer: ca. 25 min. 

Jedes Ziffernblatt steht für 10 Minuten. Das heißt, dass wir in diesem Beispiel mit zweieinhalb Zifferblättern eine Zubereitungszeit von etwa 25 Minuten rechnen müssen.

Vegetarisch, Ei, Fisch oder Fleisch?

Je nachdem, welche Farbe Sie oben in der rechten Ecke des jeweiligen Rezepts finden, können Sie schnell sehen, ob das Rezept für Veganer oder Vegetarier geeignet ist. Grün steht für vegan/vegetarisch, Gelb für ein Gericht mit Ei, Rot für ein Rezept mit Fleisch und Blau für ein Rezept mit Fisch.

Gängige Garmethoden für chinesische Gerichte

常用中式烹饪方法

Gängige Garmethoden für chinesische Gerichte

常用中式烹饪方法

Es gibt zahlreiche traditionelle Garmethoden in der chinesischen Küche:

1. **Braten:** Die wichtigste Garmethode ist das Braten. Man kann das Gericht alleine in der Pfanne oder unter Rühren braten, aber auch frittieren.

2. **Dämpfen:** Die Speisen werden in einem Dampfgarer mit kochend heißem Wasserdampf langsam gedämpft. Alternativ zum Dampfgarer kann auch ein Topf mit einem Küchensieb genutzt werden.

3. **Kochen, schmoren und köcheln lassen:** Die Zutaten auf dem Herd bei starker Hitze zum Kochen bringen, dann bei schwacher Hitze langsam schmoren lassen und schließlich die Pfanne mit einem Deckel abdecken und die Hitze ausschalten, um den Inhalt köcheln zu lassen.

4. **Mischen:** Die heiße Soße mit den verschiedenen Zutaten mischen.

5. **Marinade:** Eine Marinade auf der Basis von Sojasoße herstellen und mit Gewürzen abschmecken. Die Zutaten werden in die Marinade gegeben und lange auf kleiner Flamme gekocht, bis die Hauptzutaten den Geschmack angenommen haben.

6. **Eintopf:** Eine Methode, bei der die Zutaten geschmort, nachdem sie gebraten oder gekocht wurden. Sie werden anschließend zerkleinert und mit Beilagen, Gewürzen und Brühe in einen Topf gegeben. Die meisten Zutaten werden zusammen gekocht.

Gewürze, die in diesem Buch verwendet werden

本书所用调料

Gewürze, die in diesem Buch verwendet werden

本书所用调料

Die Geschichte des Reises
大米的故事

Reis ist das Grundnahrungsmittel des chinesischen Volkes. Ob bei einer Familienmahlzeit oder einem Restaurantbesuch, Reis ist und bleibt in unserer Küche einfach unverzichtbar. Wenn Chinesen an Reis denken, fällt ihnen als erstes frisch gekochter, weißer Reis in einer Schüssel ein. Der Reis wird nur in Wasser gekocht, sodass die ursprüngliche weiße Farbe und das Aroma des Reises erhalten bleiben. Die Körner sind kristallklar und der Geschmack sehr sanft. Man kann sich daran also nie fad essen. Dieser Reis ist zu jedem Gericht köstlich und wird niemals langweilig. Egal, welches Gericht dazu serviert wird, gekochter weißer Reis, das Symbol der Reinheit, ist die Grundlage und das Fundament der chinesischen Küche.

Bis heute ist die gängigste Begrüßung bei einer Begegnung die Frage: „Haben Sie schon Reis gegessen?" Da die Chinesen schon seit Tausenden von Jahren Reis essen, sind sie sehr sensibel und anspruchsvoll, was den Geschmack von Reis angeht.

Wie definiert man guten Reis?

1. Geschmack: Wenn Sie den Reis kauen, spüren Sie zwischen Ihren Lippen und Zähnen einen leichten Hauch von Süße.
2. Aussehen: Frisch gekochter weißer Reis ist von reiner Farbe und jedes Korn hat eine glänzende Oberfläche.
3. Aroma: Durch das Kochen des Reises entsteht ein unverwechselbares Reisaroma. Das milde Aroma von Reis ist eine Kombination unterschiedlicher Geschmacksrichtungen.
4. Textur: Der Reis ist klebrig, weich und mild.

Wie kaufen Sie den richtigen Reis?

- Vergleichen Sie die verschiedenen auf dem Markt erhältlichen Marken und wählen Sie den Geschmack, der Ihnen gefällt.
- Reis ist nicht unbegrenzt haltbar. Versuchen Sie, frisch erzeugten Reis zu kaufen. Der Reis, der lange Zeit im Lager gelagert war ist im Laufe der Zeit abgestanden und hat einen schlechteren Geschmack.

Wie lagern Sie Reis richtig?

- Es wird empfohlen, eine Menge zu kaufen, die in etwa 1 Monat verbraucht werden kann.
- Lagern Sie den Reis nach dem Kauf in einem luftdichten Behälter an einem kühlen Ort.

Wie kocht man Reis im Reiskocher?

1. **Genaues Abmessen:** Das Kochen von Reis ist eigentlich ein recht einfacher Prozess, bei dem „nur" Reis und Wasser hinzugefügt werden müssen, Salz wird nicht gebraucht. Um köstlichen Reis zu kochen, ist genaues Abmessen aber ein Muss.
2. **Waschen:** Der meiste handelsübliche Reis wurde so fein gemahlen, dass die oberflächliche Kleie entfernt wurde. Daher reicht einfaches, maximal zweifaches Waschen aus.
3. **Perfekte Wassermenge:** Die Wassermenge bestimmt die Härte des Reises. In den meisten Fällen sollte die zugegebene Wassermenge das $1\frac{1}{2}$-fache des Gewichts des Reises betragen. Frischer Reis ist saftig und braucht somit etwas weniger Wasser zur Zubereitung. Älterer Reis kann trocken sein, sodass etwas mehr Wasser hinzugegeben werden sollte.
4. **Einweichen:** Es ist wichtig, den Reis zunächst in Wasser einzuweichen, damit alle Körner das Wasser aufnehmen können. Das Geheimnis des Reiskochens liegt darin, dass die Körner beim Kochen gleichmäßig erhitzt werden. Daher mindestens 30 Minuten einweichen.
5. **Reis kochen:** Wenn der Reis im Reiskocher ist, starten Sie das automatische Kochprogramm. Mit der Kraft und Hitze des Wassers werden die in den Reiskörnern enthaltenen Stärkestoffe zerkleinert, und Sie erhalten einen köstlichen Reistopf.

6.Köcheln lassen: Den fertigen Reis 10-15 Minuten mit Deckel stehen lassen. Die Oberfläche der Reiskörner bedeckt sich mit Schleim und wird weicher. Die Reiskörner werden weiter zusammengedrückt, sodass eine klebrige Konsistenz entsteht.
7.Reis aufbrechen: Anschließend den Deckel des Reiskochers öffnen und den Reis umrühren, damit das überschüssige Wasser verdampft und der Geschmack weiter verfeinert wird. Wenn Sie den fertigen Reis unbeaufsichtigt lassen, wird der Wasserdampf im Inneren des Reiskochers vom Reis aufgesaugt, sodass er sehr matschig wird.

In einem normalen Topf Reis kochen

1. Reis zweimal waschen.
2. $1\frac{1}{2}$-fache der Reismenge an Wasser hinzugeben in einen Topf geben.
3. 30 Minuten lang einweichen lassen.
4. Auf hoher Stufe 5 Minuten lang kochen. Dabei den Deckel von Zeit zu Zeit öffnen, um ein Überlaufen zu verhindern.
5. Hitze auf niedrige Stufe reduzieren, den Topf abdecken und 20 Minuten köcheln lassen.
6. Den Herd ausschalten und 10 Minuten lang ruhen lassen.
7. Deckel öffnen, um die Hitze abzulassen, den Reis umrühren und servieren.

Die Geschichte des Reises
大米的故事

In China gibt es verschiedene Arten, Reis zu essen. Reis kann nicht nur gekocht, sondern auch gebraten, gedünstet und auf verschiedene Weise zu Mehl gemahlen werden. Typische gängige Reisgerichte sind:

Congee
Reis wird langsam in Hühner- oder getrockneter Jakobsmuschelsuppe gekocht, um ein weiches, getreidefreies Congee herzustellen, das z.B. mit eingelegtem Senf auf gebratener Brotstange serviert wird.

Zongzi (Reisknödel)
Klebereis-Knödel werden mit Hilfe von Schilfblättern in dreieckige Formen gewickelt und in Wasserdampf oder kochendem Wasser gegart. Es gibt weiße Reisknödel, die nur aus Klebreis bestehen, während andere zusammen mit salzigem oder süßem Schweinefleisch, Bambussprossen, Pilzen und anderen Zutaten eingewickelt werden.

Gebratener Reis
In einem Wok oder einer Pfanne gebratener Reis, meist mit anderen Zutaten wie Eiern, Gemüse, Meeresfrüchten oder Fleisch vermischt. Ein klassisches in Deutschland weit verbreitetes Beispiel ist "gebratener Reis mit Ei".

Süße Klebereisbällchen
Hierbei handelt es sich um eine Nachspeise mit Füllung, die aus Klebereis-Mehl besteht.

Reiskuchen
Für Reiskuchen wird Klebereis gekocht, dann zerstoßen oder zu Mehl gemahlen und zu einem Kuchen gepresst, der sowohl herzhaft als auch süß schmecken kann.

Fazit zum Reis

Neben weißem Reis kommen in China also auch andere Reissorten auf den Tisch. Besonders typisch sind Klebereis, Purpurreis und schwarzer Reis.

- **Gekochter Reis** wird zur Herstellung von weißem Reis verwendet.
- **Klebereis** wird zur Herstellung von Reiskuchen, Reisbällchen und Zongzi verwendet.
- **Purpurreis** ist ein violetter Klebreis, der meist zur Herstellung von Desserts verwendet wird, z. B. Kokosnussdessert mit Purpurreis.
- **Schwarzer Reis** kann mit weißem Reis gemischt und gekocht werden, um Reis mit einem besonderen Geschmack zu versehen.

Fast jeder Chinese kennt ein Gedicht auswendig: *„Der Tag der Hacke ist Mittag, der Schweiß tropft vom Gras, wer weiß, dass jedes Korn der Nahrung harte Arbeit ist."*

Dieses uralte Gedicht wird als klassisches Familienvermächtnis verwendet, um die nächste Generation dazu zu erziehen, Lebensmittel zu schätzen und Arbeit zu respektieren.

Reis ist zu einem Vermittler für Moral, Werte und Weltanschauung geworden. Die „Reiszivilisation" und die „Reiskostkultur" haben in verschiedenen ostasiatischen Ländern Wurzeln geschlagen und werden von Generation zu Generation weitergegeben.

Etwas über Tofu
豆腐

Es gibt viele Menschen, die Tofu als geschmacklos und ohne Textur empfinden, während andere ihn für nachhaltig und gesund halten. Er ist in den Augen vieler Vegetarier zu einer symbolischen Zutat vom Kampf gegen Fleisch und nachhaltiger Ernährung geworden. Doch Tofu bietet so viel mehr! Denn Tofu besitzt viele "Verwandte" in der Tofu-Familie. Klassische Tofu-Arten sind:

Tofu-Pudding

Seidentofu, gepresster Tofu, gereifter/geräucherter Tofu

Gefrorener Tofu

Weitere Tofu-Produkte

Kräftig gewürzter Tofu

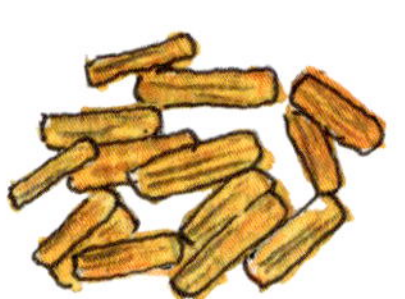

Yuba

Frittierte Tofu-Haut

Dünne Blätter aus Bohnenquark

Sojastreifen

Gedämpfte Bohnenquark-Rolle

Gebratener Tofu

Fermentierter Tofu

Etwas über Tofu
豆腐

Besonders hervorzuheben ist der fermentierte Tofu, der ähnlich wie der Schimmelkäse in der westlichen Küche fermentiert und besonders schmackhaft ist. Tofu Stücke werden gewaschen und getrocknet, dann in heißem Öl gebraten, bis die Haut goldbraun und knusprig ist. Menschen mit einer Schale in der Hand, ein in scharfe Soße getauchter und halb abgekauter Tofu - das ist ein sehr vertrautes Bild in den chinesischen Straßen.

Die Chinesen haben ein gängiges Sprichwort, wenn sie Menschen für ihre gute Haut loben: „Ihre Haut ist so weich und weiß wie Tofu." Das illustriert ganz gut, wie zentral und wichtig Tofu für die chinesische Kultur ist.

Tipp: Wenn Sie diesen Satz zu einem chinesischen Freund sagen, werden um Sie herum überrascht hinsichtlich Ihrer chinesischen Kulturkenntnisse sein und Sie sofort und automatisch als „Insider" betrachten. Wenn Sie mir nicht glauben, probieren Sie es aus!

Magische Essstäbchen
神奇的筷子

Die Essstäbchen, die für chinesisches Essen verwendet werden, sehen zwar einfach aus, aber es bedarf einiger Übung, um sie zu beherrschen.

Essstäbchen gibt es seit 4.000 Jahren und für die Chinesen sind sie ein selbstverständlicher Teil der Essgewohnheiten in der Familie. Von klein auf lernen Kinder den richtigen Umgang mit den Essstäbchen. Das Erlernen ist zwar nicht einfach und benötigt selbst für chinesische Kinder Übung und Korrektur. Mit der Zeit geht es aber in Fleisch und Blut über und ist so selbstverständlich wie das Schreiben der chinesischen Schriftzeichen.

Essstäbchen gibt es in verschiedenen Längen und für unterschiedliche Zwecke. Kurze Stäbchen werden in der Regel zum Essen verwendet, während lange Stäbchen zum Kochen benutzt werden.

Lange Essstäbchen verhindern, dass man sich verbrennt, wenn man in kochender Suppe nach Essen fischt, oder in kochendem Öl frittiert. Essstäbchen können auch verwendet werden, um zu prüfen, ob das Essen gar oder weich ist, indem man es mit den Stäbchen anstößt oder vorsichtig hineinpiekst.

Es gibt auch eine bestimmte Tischetikette in Zusammenhang mit den Stäbchen zu beachten. Zum Beispiel sollte man während des Essens nicht mit Stäbchen auf andere Menschen zeigen oder mit ihnen gestikulieren; man sollte Stäbchen nicht aufrecht in eine Reisschüssel stecken und auch nicht in den Mund nehmen und daran lutschen.

Magische Essstäbchen
神奇的筷子

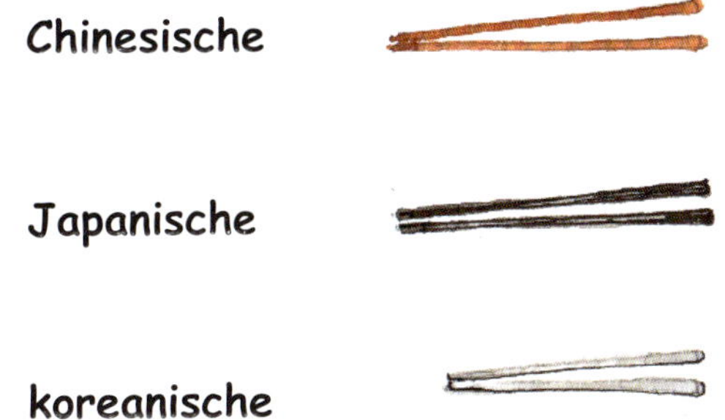

Chinesische Essstäbchen sind dicker als japanische und koreanische Essstäbchen. Sie sind oft an einem Ende abgerundet und am anderen Ende quadratisch oder an beiden Enden abgerundet. Die verwendeten Materialien sind in der Regel Holz oder Bambus.

Wenn ich mit Deutschen chinesisch esse, sage ich gerne so etwas wie: „Ob du es glaubst oder nicht, ich kann mit meinen Essstäbchen herumfliegende Fliegen fangen. Ich bin eine Chinesin, die Kung Fu kann!" In diesem Moment zögern die Deutschen meist einen Moment und lachen dann halbherzig. Vielleicht schaffe ich es tatsächlich, wer weiß?!

Wissenswertes über die chinesische Esskultur
饮食文化

1. Die typische chinesische Mahlzeit
Anders als in der westlichen Kultur, besteht eine typische chinesische Mahlzeit aus kalten und warmen Gerichten mit Suppe und Reis. Die Anzahl der zubereiteten Gerichte hängt mit der Anzahl der Personen zusammen (plus Eins). In einer Familie mit drei Personen stehen vier Gerichte und eine Suppe auf dem Tisch, in einer Gruppe mit zehn Personen, elf Gerichte und eine Suppe. Die Anzahl der Gerichte kann bei besonderen Anlässen erhöht, aber niemals verringert werden. Wenn die Menge der Gerichte geringer wäre, würden sich Gäste unwillkommen fühlen. Im Umkehrschluss zeigt man Gästen, die „edle Gäste" genannt werden, hohe Gastfreundschaft und Respekt, wenn mehr Gerichte zubereitet werden.
In den letzten Jahren ist das Lebenstempo jedoch schneller geworden und es wird immer beliebter, eine schnelle und einfache chinesische Mahlzeit zu sich zu nehmen. „Reis auf dem Teller" mit einer Schüssel Suppe, auch „zwanglose Mahlzeit" genannt, ist die häufigste Form von Essen unterwegs als Imbiss-Alternative.

2. Die grundlegende Etikette zu Tisch
Die Chinesen sind für ihre Flexibilität bekannt, aber sie sind überhaupt nicht flexibel, wenn es um die Essenszeiten geht. Das Frühstück ausgeklammert, sind das Mittagessen, aber besonders das Abendessen sehr von Etikette geprägt. Mittagessen beginnt in der Regel um 11:30 Uhr, das Abendessen ist auf 18:30 Uhr gelegt. Eine weiter unumstößliche Regel ist es, die Mahlzeiten gemeinsam einzunehmen und aus diesem Grund auch erst zu beginnen, wenn alle Mitglieder sich am Tisch eingefunden haben und gemeinsam beginnen zu essen. Das heißt auch „Bewegen der Stäbchen" (chin. für Beginn einer Mahlzeit). Chinesische Familien reden am Tisch miteinander, teilen das Essen und tauschen sich über Gefühle und Alltag aus.

3.Es gibt kein Problem, welches nicht beim Essen gelöst werden könnte

Im Gegensatz zur deutschen Tischetikette, werden die Gerichte auf dem Tisch in chinesischen Familien geteilt. Wenn Gäste anwesend sind, werden „Gemeinschaftslöffel" oder „Gemeinschaftsstäbchen" bereitgestellt, um die Hygiene zu gewährleisten. Das Essen ist auch ein Test für gutes Benehmen, denn die chinesische Kultur ist sehr subtil. Beim gemeinsamen Essen kann man also einen guten Eindruck von einem Menschen gewinnen. In China werden viele Dinge (auch geschäftliches) während einer Mahlzeit erledigt. Es gibt kein Problem, welches nicht bei einer Mahlzeit gelöst werden könnte. Die Essekultur ist also gleichbedeutend mit der „sozialen Kultur" und stellt die wichtigste Form der zwischenmenschlichen Interaktion dar.

4.Die Philosophie von Harmonie und Gleichgewicht

In der klassischen chinesischen Philosophie geht es häufig um Harmonie und Gleichgewicht, was sich auch in der chinesischen Küche in der Ausgewogenheit zwischen Fleisch und Gemüse zeigt. So werden zum Beispiel vier Gerichte in zwei Fleisch- und zwei Gemüsegerichte mit einer Suppe eingeteilt. Wenn das Fleischgericht reich an Öl und dunkler Soße ist, sollte das vegetarische Gericht leuchtend bunt sein. Ist ein Gericht scharf, sollte das andere eher mild im Geschmack sein. Ein guter Tisch sollte zudem „voller Farbe und Geschmack sein". Es sollte schön duften, gut schmecken und dabei die Balance der Gerichte spübar sein . Eine gut abgerundete Mahlzeit ist wie ein Ritual: Man muss die richtigen Empfindungen beim Essen haben, damit es erfolgreich ist.

5.Iss' es, solange es warm ist

Einen wichtigen Punkt darf man beim chinesischen Essen nicht ignorieren: Das Hauptgericht, die Suppe und der Reis, müssen warm sein! Die Chinesen nennen Gerichte, die warm gegessen werden sollten, aber kalt sind, „kaltes Brutzeln". Zusammen mit „Resten" sind dies Symbole für Verfall und bringen sogar ein wenig Unglück.

„Iss' es, solange es warm ist" ist daher die wohl häufigste Redewendung, die man an einem chinesischen Tisch hört. Nach den besten Praktiken der chinesischen Wohlfühlmethode glauben Chinesen, dass warmes Essen gut für die Gesundheit ist. Die Temperatur des Essens und die Körpertemperatur sind so am besten in Einklang zu bringen. Das überträgt sich auch auf das Trinken von Wasser. Chinesen trinken niemals kaltes, sondern nur warmes Wasser. Es ist also verständlich, dass für Chinesen ein Tisch mit warmem Essen und einer Suppe die leckerste Mahlzeit ist.

Lass uns kochen!

Schwierigkeit: 
Dauer: ca. 10 min.

Yangchun-Nudeln

阳春面

Zutaten

(für 1 Person)

- 100 g chinesische Nudeln
- 15 g Frühlingszwiebeln
- 2 EL helle Sojasoße
- 1/3 TL weißer Pfeffer (gemahlen)
- 1 TL Schmalz
- (1000+200+200) ml Leitungswasser

Das Wort "Yangchun" ist von dem Wort "Yang Chun Bai Xue" (übersetzt „Der Schnee des Frühlings") abgeleitet. Yangchun-Nudeln mit ihrem literarischen Klang sind mit die einfachste chinesische Nudelsuppe und werden deshalb auch „einfache Nudeln" genannt. Sie bilden die Grundlage für alle möglichen ausgefallenen Gerichtskombinationen.

Wegen ihres schönen und poetischen Namens und dem einfachen Geschmack wurden sie in meiner Kindheit zu meinem Lieblingsessen und ich wurde nie müde, sie zu essen. Sie sind ein bisschen wie italienische Nudeln ohne Soße. Nur mit etwas Olivenöl und geriebenem Käse können sie sehr zufriedenstellend für Kinder sein.

Bei den Yangchun-Nudeln ist neben den gehackten Frühlingszwiebeln und der Sojasoße der kleine Löffel Schmalz ein Höhepunkt. Chinesische Familien kaufen in der Regel ihr eigenes Schweinefleisch und kochen es zu Schmalz, aber in Deutschland kann man fertige Schmalzstullen kaufen, die genauso gut schmecken und ein perfekter Ersatz sind. Braten Sie eine Beilage Ihrer Wahl an, z. B. Kung Pao-Hühnchen, und geben Sie sie über die Yangchun-Nudeln. Schon haben Sie "Kung Pao-Hühnchen-Nudeln". Es ist wunderbar zu beobachten, wie sich der Geschmack und das Aussehen der Yangchun-Nudeln mit den verschiedenen Belägen verändern.

Schwierigkeit:
Dauer: ca. 10 min.

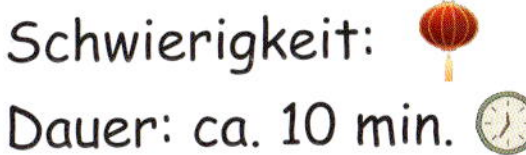

Yangchun-Nudeln
阳春面

1TL

2EL

1/3TL

1
Frühlingszwiebel klein hacken und in eine Schüssel geben.

2
Helle Sojasoße, Schmalz und weißen Pfeffer zu den Frühlingszwiebeln hinzufügen.

200g + 200g

3
1000ml Wasser in einem Topf aufkochen. Anschließend 300 ml des kochenden Wassers in die Schüssel gießen.

4
Die Nudeln in die restlichen 700 ml des kochenden Wassers geben und bei starker Hitze kochen. 200 ml kaltes Wasser kurz vor dem Übertreten des Kochschaums zum Topf hinzufügen. Wieder zum Kochen bringen. Das Ganze 2-mal wiederholen, dann die Nudeln herausnehmen.

5
Die gekochten Nudeln in die Schüssel zur Suppe geben. Fertig.

Schwierigkeit: 
Dauer: ca. 15 min.

Tigerfell-Muster Grüne und Rot Spitzpaprika
虎皮尖椒

Zutaten
(für 2 Personen)

- 170 g rote Spitzpaprika
- 150 g grüne Spitzpaprika
- 2 EL Speiseöl
- 1 EL Knoblauch-Schwarzbohnensoße
- 2 EL helle Sojasoße
- 1TL Reisessig
- 1 TL Zucker
- ½ TL Speisestärke

Der Begriff „Tigerfell " bezieht sich auf das unregelmäßige Muster, das auf der Haut der Spitzpaprika entsteht, wenn diese in der Pfanne erhitzt werden.

Dieses Gericht wird traditionell mit grünen Spitzpaprika zubereitet. Die Zugabe von roter Spitzpaprika jedoch wirkt für ein buntes Farbenspiel. Die roten Spitzpaprika sind zudem süßer als die grünen und beide sind nicht scharf, so dass die Aromen ausgewogen sind.

Die „Tigerfell"-Spitzpaprika schmecken köstlich mit Reis oder in Pfannkuchen gerollt. Die reichhaltige Soße aus Knoblauch und schwarzen Bohnen ist sehr appetitlich.

Schwierigkeit:
Dauer: ca. 15 min.

Tigerfell-Muster Grüne und Rot Spitzpaprika
虎皮尖椒

1

Rote und grüne Spitzpaprika von den Spitzen und Kernen befreien, waschen, mit einem Messer flach drücken und in 3 cm große Stücke schneiden.

2

Die Spitzpaprika in einer antihaftbe-schichteten Pfanne bei mittlerer Hitze braten, sodass ein Tigerfellmuster entsteht. Dabei mit einem Pfannenwender drücken, um die Hitzefläche zu vergrößern, bis sie weich sind und serviert werden können.

3

Speiseöl in einem Wok erhitzen. Spitzpaprika, Knoblauch und schwarze Bohnenpaste, helle Sojasoße, Zucker und 100 ml Wasser hinzugeben und bei mittlerer Hitze 2 Minuten kochen.

50g

1/2TL

1TL

4

Speisestärke in 50 ml kaltem Wasser auflösen, in die Pfanne geben, mit Essig beträufeln und unter Rühren braten. Fertig!

Schwierigkeit: 
Dauer: ca. 15 min.

Vegetarische Gemüsepfanne aus Nordchina

地三鲜

Zutaten

(für 2 Personen)

- 240 g Auberginen
- 220 g Kartoffeln
- 100 g rote Paprika
- 10 g grüne Chilischoten
- 20 g Frühlingszwiebeln
- 20 g Knoblauch
- 3 EL Speiseöl
- 2 EL helle Sojasoße
- 1 EL dunkel Sojasoße
- 1 EL Austernsoße
- 1 TL Speisestärke

Die Liebe zu vegetarischen Pfannengerichten ist nicht geografisch begrenzt. China ist ein großes Land und das im Norden und Süden angebaute Gemüse unterscheidet sich ebenso wie die Art und Weise, wie vegetarische Gerichte zubereitet werden.

Das in Nordchina übliche Pfannengericht besteht aus einfachen Zutaten: Auberginen, Kartoffeln und Chilischoten. Die Zugabe von Knoblauch und dunkler Sojasoße zu vegetarischen Gerichten ist typisch für den Norden, wo die Menschen in relativ kalten und trockenen Regionen eine schwerere Kost bevorzugen.

Die vegetarische Gemüsepfanne ist ideal für die eisigen Wintermonate und wird mit Beilagen hergestellt aus Mehl oder Reis zu einer herzhaften und schmackhaften Mahlzeit kombiniert.

Schwierigkeit:

Dauer: ca. 15 min.

Vegetarische Gemüsepfanne aus Nordchina

地三鲜

1

Auberginen in Stücke schneiden, 1 L Wasser in einen Dampfkochtopf geben und die Auberginen unter Wasser dämpfen (etwa 3-5 Minuten). Wichtig: nicht zu weich werden lassen! Mit den Stäbchen den Garzustand testen.

2

Kartoffeln schälen und in Stücke schneiden. Rote Paprika und grüne Chilischoten waschen und schneiden. Frühlingszwiebeln schneiden und den Knoblauch abtupfen.

3

1 EL Speiseöl in einer Pfanne bei starker Hitze erhitzen, Frühlingszwiebeln und Knoblauch hinzufügen und unter Rühren anbraten, bis sie duften. Dann beiseitestellen.

4

2 EL helle Sojasoße, 1 EL dunkel Sojasoße, 1 EL Austernsoße, 1 TL Speisestärke und 150 ml Wasser in eine Schüssel geben und gut verrühren, so dass eine Soße entsteht.

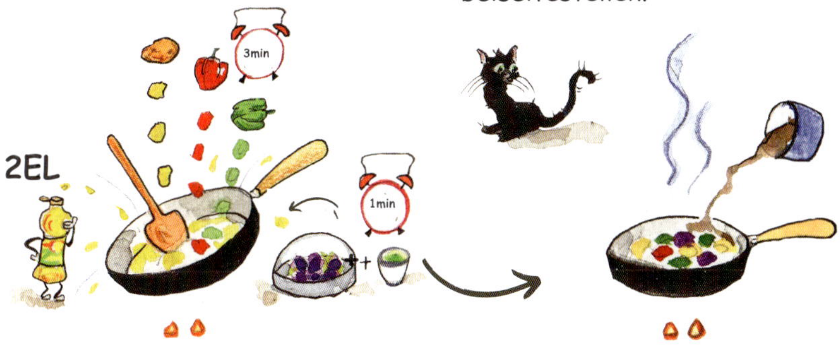

5

2 EL Speiseöl in einer Pfanne erhitzen. Die Kartoffeln, die rote Paprika und die grünen Chilischoten bei mittlerer Hitze unter Rühren anbraten, bis die Kartoffeln gar sind.

Die Auberginen, den sautierten Knoblauch und die Frühlingszwiebeln hinzufügen und 1 Minute lang unter Rühren braten.

6

Soße dazugeben und 1 Minute lang bei mittlerer Hitze unter Rühren braten. Erledigt!

Schwierigkeit: 
Dauer: ca. 20 min. 

Vegetarische Gemüsepfanne aus Südchina
素什锦

Zutaten
(für 2 Personen)

- 30 g gebratene Eiweißbällchen
- 3 g getrocknete Holzohren-Pilze
- 50 g Karotten
- 70 g Chinakohl
- 70 g Champions
- 50 g gewürzter Tofu
- 20 g Frühlingszwiebeln
- 70 g rote Spitzpaprika,
- 2 EL Speiseöl,
- 2 EL helle Sojasoße,
- 1 TL Zucker,
- 1 TL weißer Pfeffer (gemahlen),
- 1 TL Sesamöl

"Su Shi-Jin" ist ein berühmtes vegetarisches Gericht in Südchina. Der Name bedeutet „Gemüsesortiment". Im feuchtwarmen Klima des Südens verleiht das Anbraten von vegetarischen Gerichten mit einer leichten Sojasoße und etwas Zucker einen für den Süden typischen salzigen und süßen Geschmack. Der Süden Chinas verfügt über eine gut entwickelte Agrarindustrie und produziert viel mehr Gemüsesorten als der Norden, so dass eine größere Vielfalt an Zutaten für Pfannengerichte verwendet werden kann.

Gebratene Eiweißbällchen sind eine interessante Zutat, die nur im Süden vorkommt. Es handelt sich um ein traditionelles, frittiertes Mehlgericht mit goldener Farbe und glatter Oberfläche, das köstlich zu essen ist. Die früheste Produktion von Eiweiß begann in der Qianlong-Ära der Qing-Dynastie (Mitte des 18. Jahrhunderts) und existiert seit über 260 Jahren. In heißem Wasser eingeweicht, hat das gebratene Eiweißbällchen eine einzigartig weiche und klebrige Textur.

Dieses Gericht hat eine schöne Farbe mit einem Hauch von Brühe und kann mit Reis oder über Nudeln gegessen werden.

Schwierigkeit:

Dauer: ca. 20 min.

Vegetarische Gemüsepfanne aus Südchina

素什锦

1

Das gebratene Eiweißbällchen mit Stäbchen einstechen, mit 300 ml heißem Wasser übergießen und 10 Minuten lang einweichen, bis es weich ist. Abtropfen lassen.

2

Holzohren-Pilze 20 Minuten lang in 200 ml heißem Wasser einweichen, bis der weich ist. Dann mit den Händen in kleine Stücke reißen.

3

Den gewürzten Tofu mit Karotte, Chinakohl, Champions und Spitzpaprika in Scheiben schneiden und die Frühlingszwiebel in Stücke schneiden.

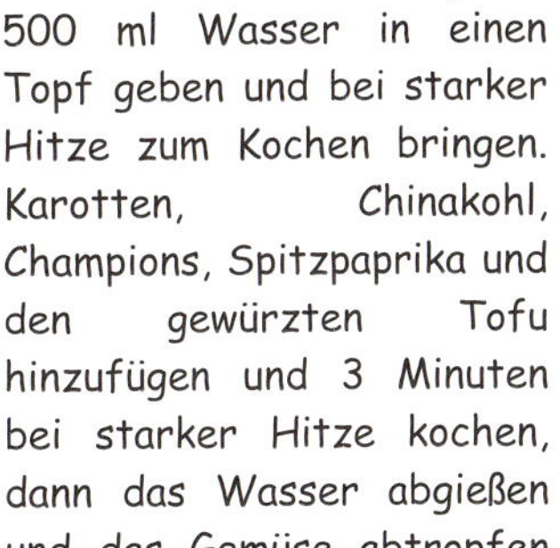

4

500 ml Wasser in einen Topf geben und bei starker Hitze zum Kochen bringen. Karotten, Chinakohl, Champions, Spitzpaprika und den gewürzten Tofu hinzufügen und 3 Minuten bei starker Hitze kochen, dann das Wasser abgießen und das Gemüse abtropfen lassen.

5

2 EL Speiseöl in einer Pfanne erhitzen und die Frühlingszwiebeln bei mittlerer Hitze anbraten.

6

Das abgetropfte Gemüse mit dem gebratenen Eiweißbällchen in die Pfanne geben, dann helle Sojasoße, Zucker und gemahlenen weißen Pfeffer hinzufügen. Unter Rühren anbraten, 100 ml Wasser hinzufügen, die Pfanne abdecken und 3 Minuten bei mittlerer Hitze kochen.

7

Mit Sesamöl beträufeln und servieren.

Schwierigkeit: 🏮 Dauer: ca. 5 min.

Tofu mit würziger Soße - das perfekte Sommergericht
凉拌豆腐

Zutaten

(für 2 Personen)

- 300 g verpackter Seidentofu
- 20 g Frühlingszwiebeln
- 10 g Koriander
- 2 EL Speiseöl
- 2 EL Sojasoße
- 1 EL Sesamöl

Tofu ist ein gesundes Lebensmittel mit einer über 2.100 Jahre alten Geschichte in China. Heute ist er nicht mehr nur in Asien, sondern weltweit sehr beliebt. Er hat einen einzigartigen Geschmack und ist leicht zuzubereiten. Tofu ist reich an Nährstoffen, enthält Eisen, Kalzium, Phosphor, Magnesium und andere wichtige Spurenelemente, sowie Zucker, pflanzliche Öle und hochwertiges Eiweiß. Darum wird er auch als "pflanzliches Fleisch" bezeichnet.

Woran kann ich die Qualität von Tofu erkennen?

Hochwertiger Tofu ist gleichmäßig milchig weiß oder hellgelb und leicht glänzend.

Der Block ist intakt, mäßig hart und weich, flexibel, zart, einheitlich in der Struktur und frei von Verunreinigungen. Er hat das charakteristische Aroma von Tofu, während Tofu durchschnittlicher Qualität ein fades Aroma hat.

Frischer Tofu kann leicht verderben. Es kann helfen, ihn nach dem Kauf sofort in Wasser einzuweichen. Frischer Tofu sollte möglichst noch am selben Tag, an dem Sie ihn gekauft haben, verzehrt werden. Abgepackter Tofu ist einfacher zu lagern, sollte aber dennoch im Kühlschrank aufbewahrt werden, damit er innerhalb der Haltbarkeitsdauer nicht verdirbt.

Kalter Tofu Salat eignet sich für die Sommermonate und wird mit einer gewöhnlichen Soja-Sesamöl-Soße zubereitet. Die Zubereitungszeit ist kurz, das Rezept einfach, und der ursprüngliche Geschmack des zarten Tofus bleibt gänzlich erhalten. Wenn Sie den wabbeligen Tofu nicht wie die Chinesen mit Stäbchen aufheben können, kann ein Löffel aushelfen.

Schwierigkeit: 🏮

Dauer: ca. 5 min.

Tofu mit würziger Soße - das perfekte Sommergericht

凉拌豆腐

1

Speiseöl in einer Pfanne auf mittlerer Stufe erhitzen. Frühlingszwiebeln fein hacken und in der Pfanne anbraten, bis sie leicht bräunlich sind.

2

Das Öl und die Frühlingszwiebeln aus der Pfanne in eine Schüssel geben. Sojasoße und Sesamöl hinzufügen.

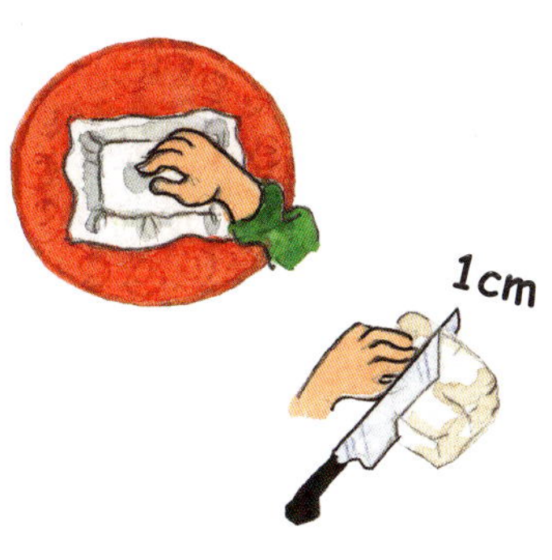

3

Tofu auspacken und mit der Oberseite nach unten auf einen Teller legen. Mit einem Messer den Tofu horizontal und vertikal in 1 cm breite Stücke aufteilen.

4

Die Soße über den geschnittenen Tofu gießen und mit dem Koriander garnieren.

Schwierigkeit:
Dauer: ca. 30 min.

Hausgemachte Chili-Soße
秘制辣酱

Zutaten
(für mehrere Personen)

- 300 g Chilipulver
- 80 g geröstete Sesamsamen oder Erdnüsse
- 750 ml Sonnenblumenöl
- 1 Handvoll Koriander (frisch)
- 1 Bund Frühlingszwiebeln
- 1 ganze Knoblauchknolle
- 2 rote Zwiebeln
- 3 Lorbeerblätter (getrocknet)
- 1 Zimtstange (getrocknet)
- 3 Sternanis (getrocknet)
- Sichuan-Pfefferkörner nach belieben

Die selbstgemachte Chilisoße ist in der asiatischen Küche sehr beliebt. Wenngleich sie nicht jeden Tag gegessen wird, so heitert sie doch gerade an kalten, stressigen schlechte-Laune Tagen die Stimmung auf. Der pikante Geschmack verändert die Wahrnehmung, begeistert Menschen und macht sie augenblicklich glücklicher. Chilisoße kann als Dip verwendet und mit Fladenbrot oder Gemüse gegessen werden, aber auch chinesische Maultaschen und Frühlingsrollen werden gerne in die Soße getaucht, oder einfach direkt über Nudeln oder Suppen gegossen. Chilisoße eignet sich zudem hervorragend als Gewürz und kann praktisch jedem Gericht die besondere Geschmacksnote verleihen.

In den meisten Supermärkten findet man fertige Chili-Soßen in kleinen Flaschen. Im Vergleich zu selbst gemachten Soßen sind sie aber hoffnungslos unterlegen, denn erst die hausgemachte Soße gibt dem Gericht das gewisse Etwas. Rezepte für Chili-Soßen können je nach Geschmack angepasst werden. Fans von Erdnüssen können beispielsweise der Soße Erdnüsse beimengen - und jene, die eher mild essen, benutzen einfach weniger Sichuan-Pfefferkörner.

Wichtig für jedes Chili-Soßen-Rezept: Das Sonnenblumenöl sollte immer mindestens die 1,5-fache Menge des Chilipulvers betragen, sonst wird das Pulver trocken und verklumpt. Außerdem werden geröstete Sesamsamen und Erdnüsse bestenfalls schon vorab zerkleinert und mit dem Chilipulver vermischt. Die Chili-Soße ist im Kühlschrank etwa 2 Monate haltbar.

Schwierigkeit: 🏮
Dauer: ca. 30 min.

Hausgemachte Chili-Soße
秘制辣酱

1

Alle Zutaten waschen und abtropfen lassen. Die Frühlingszwiebel in der Mitte halbieren, die Zwiebeln in Würfel schneiden, den Knoblauch schälen und mit einer Gabel gut zerdrücken.

2

Das Chilipulver, die gerösteten Sesamsamen (bzw. Erdnüsse) und das Salz vermengen.

3

Das Speiseöl erhitzen. Bis auf das Chilipulver-Gemisch alle Zutaten hinzugeben und bei mittlerer Hitze braten lassen, bis alle Zutaten braun sind.

4

Die Zutaten schnell vom Feuer nehmen.

5

Das heiße Speiseöl mitsamt den Zutaten langsam portionsweise in das gesalzene Chilipulver-Gemisch gießen und dabei stetig umrühren, damit das Chilipulver nicht anbrennt oder verklumpt.

6

Nach dem Abkühlen in eine verschlossene Glasflasche geben und in den Kühlschrank stellen, fertig!

Schwierigkeit:
Dauer: ca. 15 min.

Gurkensalat nach chinesischer Art
蒜泥黄瓜

Zutaten
(für 2 Personen)

- 300 g Gurke
- 20 g Knoblauch
- 20 g Spritz Paprika
- 20 g geröstete Erdnüsse
- 1 EL Speiseöl
- 1 TL Sesamöl
- 1 EL Reisessig
- 1 TL Zucker
- 2 TL Salz
- 1 TL hausgemachte Chilisoße
- 5 g Koriander

Gurke mit Knoblauch ist ein berühmtes chinesisches Gericht, das im Sommer serviert wird. Es ist eine knackige und erfrischende Mahlzeit mit Gurke als Hauptzutat und Knoblauch und Chili-Öl als Nebenzutaten. Es ist einfach zuzubereiten und für jeden Geschmack geeignet. Servieren Sie den Salat zu Fleischgerichten, um Nährwerte und Geschmack auszugleichen.

Schwierigkeit:
Dauer: ca. 15 min.

Gurkensalat nach chinesischer Art
蒜泥黄瓜

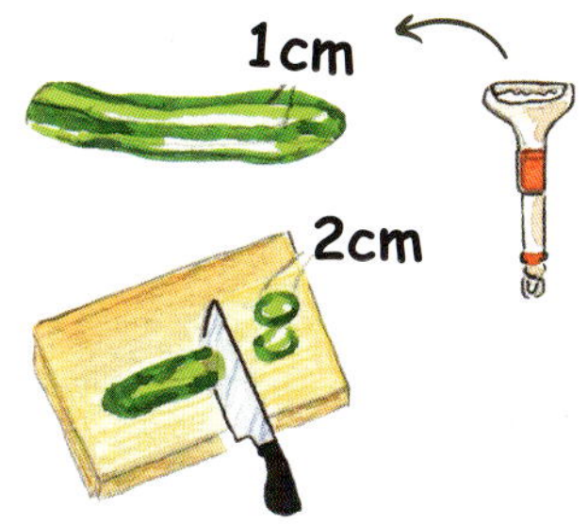

1

Beide Enden der Gurke abschneiden und die oberste Hautschicht schälen (sodass eine leichte grüne Färbung zurückbleibt). Mit dem Messer die Gurke etwas flachdrücken und in ca. 2 cm breite Stücke schneiden.

2

Die Gurke 10 Minuten in Salz liegen lassen. Anschließend den Saft abgießen.

3

Knoblauch zerdrücken, Spritz Paprika hacken und in heißem Speiseöl anbraten. Reisessig, Zucker, Sesamöl und die hausgemachte Chilisoße hinzufügen und verrühren.

4

Die Soße über die geschnittenen Gurken gießen und mit gehackten gerösteten Erdnüssen und Koriander bestreuen.

Schwierigkeit: 
Dauer: ca. 15 min.

Eier-Pfannkuchen mit Bärlauch: Gesundheitspower!
韭菜鸡蛋饼

Zutaten
(für 2 Personen)

- 75 g Bärlauch
- 2 Eier (M)
- 50 g Mehl
- 1 TL Salz
- Speiseöl

Der wilde Bärlauch ist im Frühjahr eine äußerst schmackhafte Zutat. Eierpfannkuchen mit Bärlauch sind einfach zuzubereiten und benötigen nur wenig Zeit. Tauchen Sie sie in die hausgemachte Chili Soße ein, solange sie noch heiß sind, und beißen Sie hinein, um den Geschmack und die gute Laune zu genießen.

In der Saison, wenn kein Bärlauch verfügbar ist, schmeckt er auch sehr gut, wenn er durch Frühlingszwiebeln ersetzt wird. Eierkuchen gehörten zu den Lieblingsspeisen meiner Kindheit, und wenn ich von der Schule nach Hause kam, ging ich zur Tür und rief meinem Vater zu: „Ich habe Hunger!". Ich erinnere mich noch gut daran, wie mein Vater einen warmen Eierkuchen zauberte und ihn mir brachte.

Ein Moment, der als liebevolles Bild in der Zeit verankert ist und einem Kind den Magen und das Herz erwärmt.

Schwierigkeit:
Dauer: ca. 15 min.

Eier-Pfannkuchen mit Bärlauch: Gesundheitspower!

韭菜鸡蛋饼

1
Den Bärlauch waschen und in 0,5 cm große Stücke schneiden.

2
Eier schälen und in einer großen Schüssel aufschlagen.

3
Den gehackten Lauch unter die Eimasse mischen und gut verrühren.

4
In einer anderen Schüssel das Mehl mit 100 ml Wasser und Salz vermischen.

5
Das Mehl dann in die Lauch-Ei-Mischung geben und gut verrühren, so dass ein Kuchenteig entsteht.

6
2 EL Speiseöl in einer Pfanne mit 21 cm Durchmesser bei starker Hitze erhitzen. Die Hälfte des Teigs einfüllen und mit einem Spatel zu einem runden Kuchen formen.

7
Wenn die Mischung fest geworden ist, den Pfannkuchen umdrehen und vor dem Servieren eine weitere Minute garen.

8
Wiederholen Sie ab Schritt 6 mit der restlichen Hälfte der Mischung, um weitere Fladen zu formen.

Schwierigkeit:
Dauer: ca. 15 min.

Traditioneller Garnelen-Eier-Eintopf
传统虾仁炖蛋

Zutaten

(für 2 Personen)

- 1 Ei (L)
- 2 Garnelen (etwa 16 g)
- 6 g Champignons (2 Scheiben)
- 1 TL Salz
- 1 TL Sesamöl

Eiereintopf ist ein sehr beruhigendes und heilendes Gericht. Wenn die Eimasse gedämpft wird, ist sie so zart und delikat wie ein Wackelpudding. Jede Schale mit Eiereintopf wird mit einer Garnele und einer Scheibe Pilz belegt - ein Kunstwerk in Farbe und Geschmack. Der Eiereintopf sieht zwar einfach aus, ist aber in Wirklichkeit ziemlich schwierig zuzubereiten. Es gibt einige wichtige Punkte zu beachten:

- Das Wasser, das für die Zubereitung des Eis verwendet wird, muss warm sein, nicht kalt oder heiß, da das Ei sonst zum Gerinnen neigt.
- Die Eier werden bei mittlerer Hitze gedämpft, was etwas länger dauert und Geduld erfordert. Wenn Sie sie bei großer Hitze dämpfen besteht die Gefahr der Blasenbildung.
- Sobald sich die Eimasse gebildet hat, wird die Hitze reduziert und eine Weile köcheln gelassen, da die Eimasse sonst hart wird.
- Die Garnelen und Pilze erst nach dem Formen der Eimasse hinzufügen, da sie sonst auf den Boden der Eimasse sinken.
- Sobald alle Zutaten gedämpft sind, Sojasoße oder Sesamöl hinzufügen.

Wenn Sie Vegetarier sind, können Sie die Garnelen und Pilze durch gehackte Frühlingszwiebeln ersetzen. Für einen besonders leckeren Geschmack 1 TL Sojasoße hinzufügen und gleichzeitig das Sesamöl darüber gießen.

Schwierigkeit:
Dauer: ca. 15 min.

Traditioneller Garnelen-Eier-Eintopf
传统虾仁炖蛋

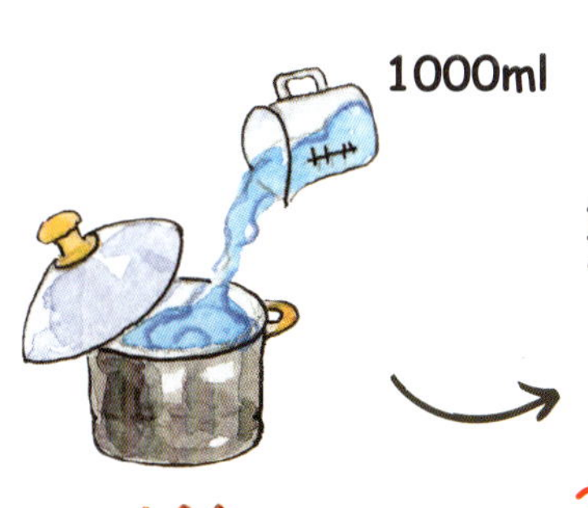

1TL

120g

1/2

1

1L Wasser in einen Dampfgarer geben und zum Kochen bringen.

2

Die Eier aufschlagen und schälen. Salz und 120ml Wasser hinzufügen und gut vermischen. Die Eimasse halbieren und in 2 kleine Schüsseln füllen.

3

Beide Schüsseln mit der Eimasse in den Dampfgarer stellen. Hitze auf mittlere Stufe stellen und über dem Wasser dämpfen.

4

Wenn sich die Eimischung gebildet hat, legen Sie vorsichtig 1 Scheibe Garnelen und 1 Pilzscheibe auf das gedämpfte Ei in jeder Schale. Abdecken und weiterdünsten lassen.

5

Sobald die Eimischung durchgedünstet ist und die Garnelen und Pilze gar sind, die Hitze auf niedrige Stufe reduzieren und eine Weile köcheln lassen.

1TL

6

1/2 TL Sesamöl darüber träufeln und servieren.

Schwierigkeit: 🏮
Dauer: ca. 10 min.

Fruchtiges Rührei mit Tomaten
番茄炒蛋

Zutaten
(für 2 Personen)

- 3 Eier (L)
- 2 große Strauchtomaten
- 1/2 TL Salz,
- 1 TL Zucker
- 4 EL Speiseöl

Rührei mit Tomaten ist eines der häufigsten Gerichte in chinesischen Familien. Es ist einfach zuzubereiten, nicht aufwendig und hat einen guten Nährstoffmix. Die Farbe ist leuchtend, der Geschmack appetitlich und er ist überaus beliebt. Die Tomateneier können mit Dampf-Reis serviert werden, dessen Körner mit einer roten, süß-sauren Suppe übergossen werden. Alternativ kann man sie mit Nudeln in einer Suppe servieren, was ebenfalls sehr schmackhaft ist.

Rührei mit Tomaten gehört für fast alle Chinesen zu den Kindheitserinnerungen. Als ich aufwuchs, wurde das Gericht oft zu Hause gegessen und wurde zu einem Geschmack von Heimat. Auch wenn es einfach ist, gibt es bei der Zubereitung von Rührei mit Tomaten doch einige wichtige Punkte zu beachten:

- Wenn Sie Rühreier zubereiten, geben Sie mehr Öl hinein und halten Sie die Öltemperatur hoch, damit die Eier besser gelingen
- Die Tomaten sollten in dem Öl braten, bis sie weich werden, damit eine rote Soße entsteht
- Vergessen Sie nicht, ein wenig Zucker hinzuzufügen. Der Zucker neutralisiert den Säuregehalt der Tomaten
- Die Soße darf am Ende nicht austrocknen, sie sollte dick genug sein. Die Soße ist die Essenz des Gerichts

Schwierigkeit:
Dauer: ca. 10 min.

Fruchtiges Rührei mit Tomaten
番茄炒蛋

1

Die Eier in einer Schale mit dem Schneebesen miteinander verquirlen, die Tomaten in kleine Stücke schneiden.

2

3 EL Speiseöl in eine Pfanne geben und das Speiseöl bei starker Hitze erhitzen, dann die Eimischung hineingeben. Sobald die Eier verrührt sind, in einer Schüssel beiseitestellen.

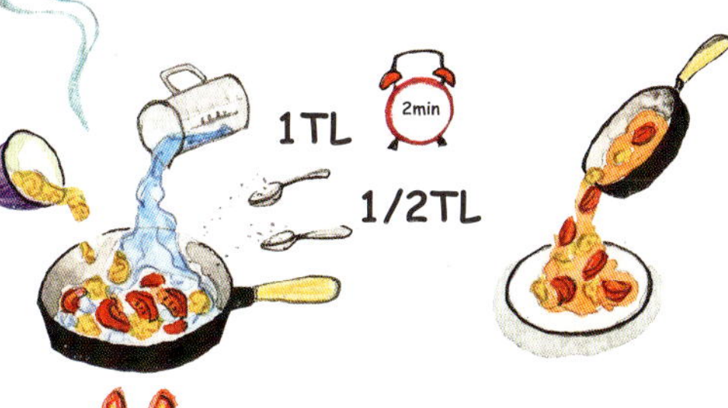

3

1 EL Speiseöl in die Pfanne geben, die geschnittenen Tomaten hinzufügen und verrühren, bis sie weich sind und roter Saft austritt.

4

Eier und Tomaten mischen, Salz, 100ml Wasser und Zucker hinzufügen und bei mittlerer Hitze zwei Minuten kochen. Fertig!

Schwierigkeit: 🏮
Dauer: ca. 40 min. 🕐🕐🕐🕐

Marmorierte Teeblatt-Eier
五香茶叶蛋

Zutaten
(für 4 Personen)

- 16 Eier
- 15 g schwarzer Tee
- 6 g Sternanis
- 2 Lorbeerblatt
- 1 Zimtstange
- 6 g Zucker
- 4 EL helle Sojasoße
- 3 EL dunkle Sojasoße
- 6 g Salz

Tee-Eier sind einer der bekanntesten und beliebtesten Snacks in China und eines der ältesten traditionellen Rezepte, das in den meisten Regionen zu finden ist. Die frühesten schriftlichen Aufzeichnungen stammen aus der Qing-Dynastie (ca. 1716-1797). Es handelt sich um ein aromatisiertes gekochtes Ei, dem während des Kochvorgangs Schwarzteeblätter zugesetzt wird. Wegen seiner Einfachheit und die Möglichkeit, diese auch unterwegs zu genießen, werden sie oft in kleinen Töpfen an Bahnhöfen, Straßenecken und Orten mit vielen Fußgängern verkauft. Während des Kochvorgangs in der Salzlake werden Schwarzteeblätter hinzugefügt, wodurch braune Eier mit einer schönen Marmorierung des Eiweißes entstehen. Die dampfenden Eier haben ein verlockendes Aroma und wirken beruhigend auf die Seele.

Das Tee-Ei ist ein beliebtes Nahrungsmittel der Menschen und ist für jeden geeignet, aber nicht als Festmahl für vornehme Gäste geeignet. Sie sind in der breiten Öffentlichkeit sehr beliebt. Wenn ein Chinese in einem fremden Land zu Hause einen Topf mit gewürzten Teeblätter-Eiern kocht, die Eierschale schält und eines in den Mund steckt, ist es, als wäre er wieder in seiner Heimatstadt.

Schwierigkeit:

Dauer: ca. 40 min.

Marmorierte Teeblatt-Eier

五香茶叶蛋

1

Die Eier waschen und die Gewürze vorbereiten.

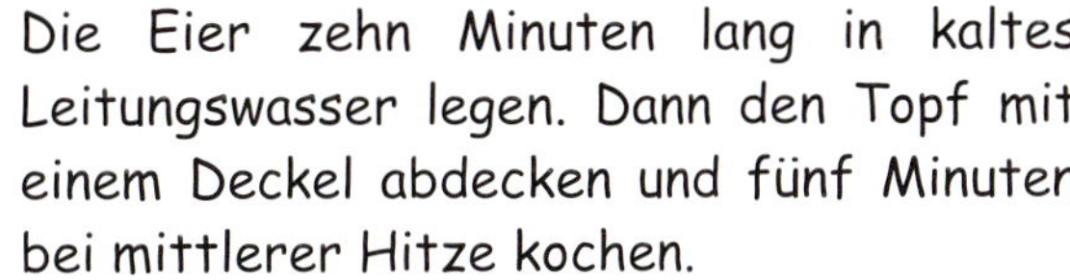

2

Die Eier zehn Minuten lang in kaltes Leitungswasser legen. Dann den Topf mit einem Deckel abdecken und fünf Minuten bei mittlerer Hitze kochen.

3

Die Eier herausheben und in kaltes Leitungswasser tauchen. Nach dem Abkühlen die Eierschalen durch leichtes Rollen oder Klopfen aufbrechen, jedoch nicht schälen.

4

Die aufgeschlagenen Eier in einen Topf geben, warmes Leitungswasser hinzufügen, damit die Eier bedeckt sind. Die Gewürze und die Sojasoßen hinzufügen, zudecken und bei mittlerer Hitze 20 Minuten köcheln lassen.

5

Anschließend servieren und genießen. Ein Tipp: Die Eier schmecken noch besser, wenn sie über Nacht im Kühlschrank lagern und am nächsten Tag zusammen mit einer Suppe aufgewärmt werden.

Schwierigkeit:
Dauer: ca. 30 min.

Goldgebratener Reis mit Bio-Ei
黄金蛋炒饭

Zutaten

(für 2 Personen)

- 200 g Reis
- 2 Eier (Größe L)
- 120 g Kochschinken
- 80 g Erbsen (gefroren)
- 80 g Karotten
- 2 EL Speiseöl
- eine Prise Salz

Gebratener Reis mit Ei ist eines der häufigsten Fastfood-Gerichte in China und besonders beliebt bei Jugendlichen und Kindern. Der mit der Eimischung überzogene Reis karamellisiert beim Erhitzen, wodurch ein süßer Geschmack entsteht. Die Oberfläche der Reiskörner wird härter und geschmacksintensiver. Die Farben sind grün, rot und gelb, was das kulinarische Auge anspricht. Gebratener Reis mit Ei ist eine sehr altmodische Art, Reis und Gemüse in einem Gericht zu kochen. Heutzutage ist der klassisch gebratene Reis aufgrund der kreativen Möglichkeit der Zutaten zum Markenzeichen vieler chinesischer Restaurants geworden.

Sie können die Zutaten auch an Ihren eigenen Geschmack anpassen. Es gibt kein "Standardrezept" für gebratenen Reis. Machen Sie Ihren eigenen gebratenen Reis - das ist eine gute Gelegenheit, Ihrer Kreativität freien Lauf zu lassen. Ein kleiner Tipp: Zusätzlich zu Ei und Reis können Sie bis zu 3 verschiedene Zutaten verwenden. Achten Sie bei der Auswahl auf die Ausgewogenheit der Aromen und die schönen Farben.

Hier sind einige Optionen für zusätzliche Zutatenkombination:

- Gurke, rote Paprika, Mettwurst
- Grüne Paprika, Edamame, Wiener Wurst
- Gekochte Maiskörner, Karotten, Erbsen
- Karotte, Frühlingszwiebel, Garnelen
- Zucchini, rote Paprika, Kochschinken

Schwierigkeit:

Dauer: ca. 30 min.

Goldgebratener Reis mit Bio-Ei
黄金蛋炒饭

1

Den Reis spülen, dem Reiskocher 200 ml Wasser hinzufügen. Den Reis im Reiskocher kochen und abkühlen lassen.

2

Eigelb und Eiweiß der beiden Eier trennen, das Eigelb zum Reis geben und kneten, bis jedes Korn gelb ist.

3

Die Karotte und den Kochschinken in Würfel schneiden, die Erbsen auftauen und abtropfen lassen.

4

1 EL Speiseöl in einer Pfanne erhitzen und das Eiweiß, die Möhren und die Erbsen darin zu einem Rührei anbraten.

1EL

5

In einer zweiten Pfanne 1 EL Speiseöl erhitzen und den Reis unter Rühren durchbraten - dabei eine Prise Salz hinzufügen.

6

Das Rührei, die Karotten und die Erbsen in die Pfanne geben, den gewürfelten Kochschinken hinzufügen und unter Rühren anbraten. Alles anrichten, fertig!

Schwierigkeit: 🏮
Dauer: ca. 30 min. 🕐🕐🕐

Schweinefleisch süßsauer mit Ananas
菠萝咕咾肉

Zutaten
(für 2 Personen)

- 240 g Schweinefilet
- 1 Ei (L)
- 50 g grüne Paprika
- 80 g rote Paprika
- 140 g Ananas-Dessertstücke
- 10 g Frühlingszwiebeln
- 200 g Tomatenstückchen in Tomatensoße
- 30 g Mehl (Typ 405)
- 1 TL Speisestärke
- 1 TL Salz
- 2 TL Zucker
- 1 EL Reisessig
- 200 g Frittieröl

Schweinefleisch süßsauer mit Ananas ist ein klassisches kantonesisches Gericht, das in allen Teilen Chinas beliebt ist. Es ist eines der bekanntesten chinesischen Gerichte im Westen und wird in verschiedensten Ländern häufig in chinesischen Restaurants angeboten. Die Ananas kann frisch oder aus der Dose verwendet werden. Es werden Ananas-Dessertstücke aus der Dose verwendet. Das Schweinefleisch wird in Mehl gewälzt und in heißem Öl gebraten, damit es knusprig und schmackhaft wird.

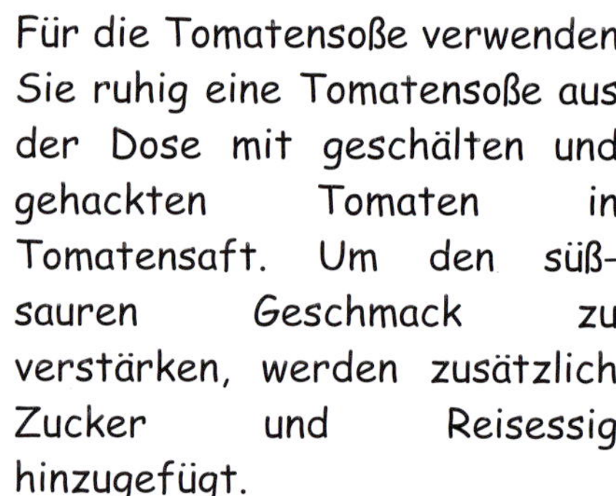

Für die Tomatensoße verwenden Sie ruhig eine Tomatensoße aus der Dose mit geschälten und gehackten Tomaten in Tomatensaft. Um den süß-sauren Geschmack zu verstärken, werden zusätzlich Zucker und Reisessig hinzugefügt.

Versuchen Sie, dieses klassische Gericht Zuhause zuzubereiten und Sie werden entdecken, dass diese köstliche Speise genauso gut, oder vielleicht sogar besser schmecken kann als im Restaurant!

Schwierigkeit:
Dauer: ca. 30 min.

Schweinefleisch süßsauer mit Ananas

菠萝咕咾肉

1
Das Schweinefilet waschen und in 1,5-2 cm große Stücke schneiden. In einer Schüssel 20 ml Wasser und Salz zu den Fleischstückchen hinzufügen und mit den Händen kräftig kneten, bis das Wasser vollständig vom Fleisch aufgenommen wurde. 10 Minuten ruhen lassen.

2
In einer anderen Schüssel Mehl mit 50 ml Wasser verrühren, ein verquirltes Eigelb hinzufügen und gut vermischen. 10 Minuten ruhen lassen.

3
Frittieröl in einer Pfanne auf großer Flamme erhitzen und das panierte Fleisch darin 5 Minuten lang braten, bis es gebräunt ist.

4
Fleisch herausnehmen und beiseitestellen.

5
Saft der Ananas-Dessertstücke aus der Dose abgießen, Ananasstücke beiseite stellen. Rote und grüne Paprika in Stücke schneiden, Frühlingszwiebeln hacken.

6
Übrig gebliebenes Öl in einer Pfanne bei starker Hitze erhitzen und die Frühlingszwiebeln darin anbraten. Tomatenstücke in Tomatensoße, Zucker und Reisessig dazugeben und die Soße bei starker Hitze zum Kochen bringen.

7
Speisestärke in 15 ml Wasser auflösen und zum Andicken in die Soße geben.

8
Ananasstücke, rote und grüne Paprikastücke in die Soße geben und 1 Minute lang bei mittlerer Hitze unter Rühren braten. Fleisch noch einmal in die Pfanne hinzugeben und 1 Minute unter Rühren braten, dann servieren.

Schwierigkeit:
Dauer: ca. 15 min.

Enoki-Pilz-und-Bacon-Röllchen
金针菇培根卷

Zutaten

(für 2 Personen)

- 200 g Enoki-Pilze
- 100 g Bacon

Enoki-Pilz-und-Bacon-Röllchen sind eine besonders einfach herzustellende Leckerei, die schön aussieht und bei fast allen beliebt ist. Mit gedämpftem Reis serviert, sind sie einfach und nahrhaft.

Sie brauchen kein zusätzliches Öl zum Braten der Bacon-Röllchen, der Bacon wird bereits aus der Pfanne genommen, wenn er gebräunt ist. Das Fett vom Bacon wird von den Enoki-Pilzen aufgesogen und verleiht ihnen einen köstlichen Geschmack.

Enoki-Pilze sind in den letzten Jahren besonders bei jungen Leuten beliebt geworden und schmecken auch gedünstet sehr gut, aber noch besser sind sie, wenn sie mit Bacon umwickelt sind. Einer der schönsten Aspekte der chinesischen Küche ist das Gericht "kleines Fleisch", was so viel bedeutet wie "Gemüse mit Fleischgeschmack". Dieses Gericht ist ein Beispiel dafür.

Schwierigkeit:
Dauer: ca. 15 min.

Enoki-Pilz-und-Bacon-Röllchen
金针菇培根卷

1
Die Enoki-Pilze nicht waschen, jedoch die Wurzeln abschneiden und in acht kleine Bündel von je 15 g teilen.

2
Jedes Bündel Enoki-Pilze in Bacon einrollen, so dass insgesamt acht Bündel entstehen.

3
Die Röllchen in einer Pfanne bei mittlerer Hitze 3 Minuten braten, dann wenden und weitere 3 Minuten braten.

4
Braten bis der Speck gebräunt und die Enoki-Pilze weich sind. Fertig!

Schwierigkeit:
Dauer: ca. 15 min.

Gebratene Schweinefiletscheiben mit Gemüse
青椒蘑菇炒肉片

Zutaten
(für 2 Personen)

- 150 g Schweinefilet
- 1 grüne Paprika
- 200 g Champignons
- 1TL+2EL Speiseöl
- 1/2TL Salz
- 2 EL Austernsoße
- 2 EL helle Sojasoße
- ½ TL weißer Pfeffer (gemahlen)
- 1 TL Kochreiswein
- 1 TL Sesamöl
- 1 L Leitungswasser

Gebratenes Schweinefilet mit grüner Paprika und Pilzen ist ein Gericht, in dem die chinesische Philosophie gut erkennbar ist. Die Zutaten sind Fleisch und Gemüse, und die Pilze sorgen für ein ausgewogenes Yin-Yang-Gleichgewicht zwischen den beiden Geschmacksrichtungen.

Ein Teller mit in Scheiben geschnittenem Schweinefilet mit grüner Paprika und Pilzen, serviert mit weißem Reis, ist eine ausgewogene und umfassende Mahlzeit, die der chinesischen Philosophie entspricht. Alles ist genau richtig, nicht zu viel und nicht zu wenig. Die Chinesen glauben, dass ein solches Gericht gut für die Gesundheit ist. Eine Kanne grüner Tee nach der Mahlzeit zur Unterstützung der Verdauung ist die perfekte Ergänzung.

Schwierigkeit:
Dauer: ca. 15 min.

Gebratene Schweinefiletscheiben mit Gemüse
青椒蘑菇炒肉片

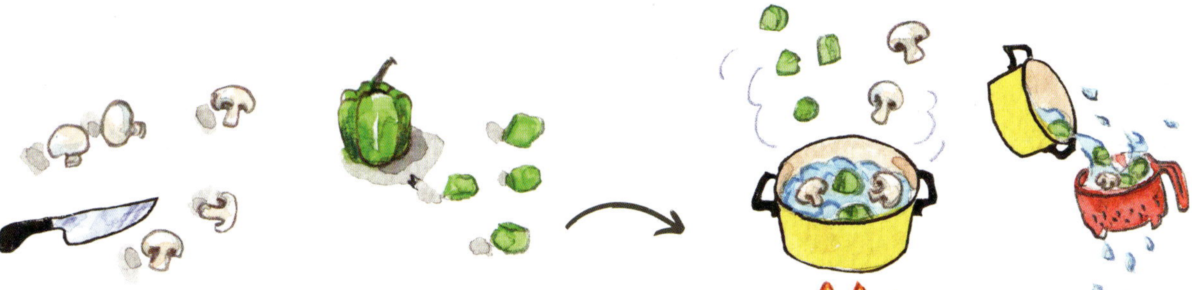

1
Die Champignons in Scheiben schneiden, die grüne Paprika in kleine Stücke schneiden.

2
1 L Wasser in einem Topf zum Kochen bringen. Die Paprika und die Pilze blanchieren und abtropfen lassen.

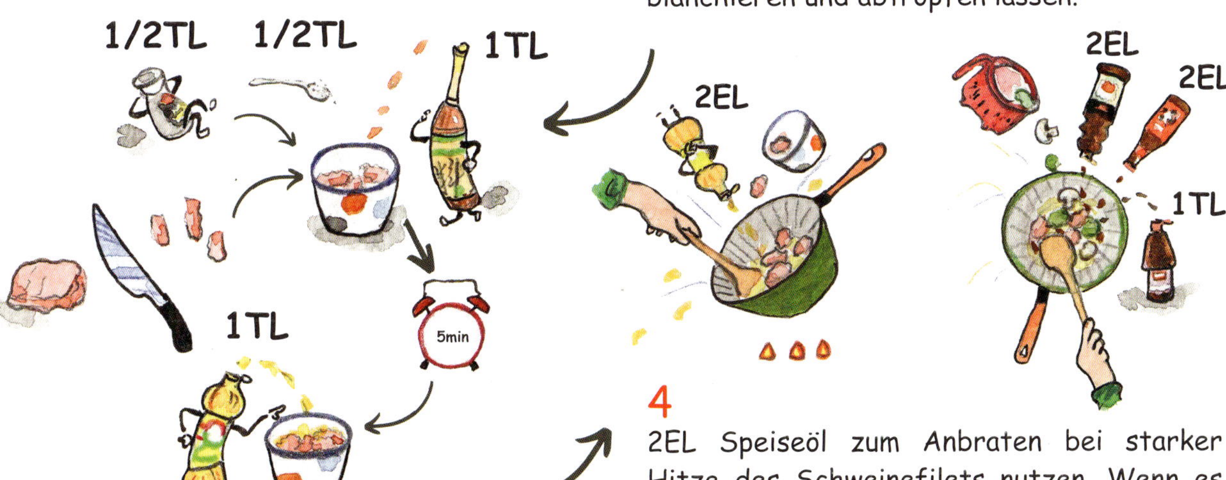

3
Das Schweinefilet in Scheiben schneiden und fünf Minuten in Kochreiswein, weißem Pfeffer und Salz marinieren. 1 TL Speiseöl hinzufügen, um das Wasser zu binden.

4
2EL Speiseöl zum Anbraten bei starker Hitze des Schweinefilets nutzen. Wenn es durch ist, die blanchierten Paprika und Pilze hinzugeben, Austernsoße und Sojasoße hinzufügen. Unter Rühren anbraten (2-3 Minuten), dann mit Sesamöl beträufeln und aus der Pfanne nehmen. Mahlzeit!

Schwierigkeit: 
Dauer: ca. 20 min.

Gebratene Hühnerbrust mit Orkan
秋葵炒鸡肉

Zutaten
(für 2 Personen)

- 300 g Okra
- 200 g Hühnerbrust
- 10 g Knoblauch
- 50 g rote Peperoni
- 1EL Kochreiswein
- 1TL weißer Pfeffer (gemahlen)
- 6 EL Speiseöl
- 2 EL Austernsoße
- 5 EL helle Sojasoße

Okra ist ein Gemüse, das in den letzten Jahren die Welt im Sturm erobert hat und als "grüner Ginseng" bekannt ist. Es handelt sich um eine kalorienarme Zutat mit hohem Wasser- und geringem Fettgehalt, die jedoch reich an anderen Nährstoffen wie hochwertigem Eiweiß und Spurenelementen ist.

Obwohl Hühnerbrust Fleisch ist, hat sie ähnliche Eigenschaften wie Okra: Sie ist fettarm und enthält viel Eiweiß, was sie zu einer beliebten Zutat für Fitnessbegeisterte und gesundheitsbewusste Menschen macht.

Gebratene Hähnchenbruststscheiben mit Okra sind eine Zutatenkombination, die perfekt in die chinesische Philosophie passt. Das Rezept ist einfach zuzubereiten, nahrhaft, passt gut zu weißem Reis und führt beim Verzehr nicht zu einer Gewichtszunahme.

Schwierigkeit:
Dauer: ca. 20 min.

Gebratene Hühnerbrust mit Orkan
秋葵炒鸡肉

1
Die Hühnerbrust waschen und in ungefähre 0.3cm Scheiben schneiden.

2
Den Kochreiswein und den weißen Pfeffer zum Fleisch hinzugeben. 10 Minuten stehen lassen.

3
Die rote Peperoni und den Knoblauch fein hacken. Den Stiel der Okra abschneiden und die Frucht in ungefähre 0.3cm Scheiben (gleichgroß wie die Hähnchenbrustscheiben).

5EL 2EL

4
Speiseöl in einer Pfanne auf hoher Stufe erhitzen und das marinierte Fleisch, die Peperoni und den Knoblauch hinzufügen und unter Rühren anbraten.

5
Die geschnittenen Okraschoten in die Pfanne geben und 2 Minuten unter Rühren anbraten. Sojasoße und Austernsoße hinzugeben und nach einer weiteren Minute kann angerichtet werden.

Schwierigkeit: 🏮
Dauer: ca. 20 min. 🕐🕐

Hähnchenflügel mit Salz und Pfeffer
椒盐鸡翅

Zutaten
(für 2 Personen)

- 500 g Hähnchenflügel
- 1 EL Kochreiswein
- 1 EL dunkle Sojasoße
- 1 EL helle Sojasoße
- eine Prise Salz
- 1 EL schwarzer Pfeffer (gemahlen)
- 2 Eigelb
- 1 EL Weizenmehl (405)
- 1 EL Speisestärke
- Speiseöl
- gehackter Rosmarin

Schwarzer Pfeffer und Salz ist die perfekte Kombination, um Hähnchenflügel zu marinieren. Das in der Pfanne gebratene Fleisch schmeckt zudem wunderbar zu eiskaltem Bier. ieses Gericht ist sehr einfach und schnell zuzubereiten und eignet sich hervorragend für Berufstätige.

Viele Chinesen servieren dieses Gericht als Beilage zu gebratenen vegetarischen Gerichten (z. B. gebratener Pak Choi, gebratene Kartoffelraspeln). Wer das Gericht "eindeutschen" möchte, serviert es schlicht mit Pommes Frites oder Bratkartoffeln.

Schwierigkeit:
Dauer: ca. 20 min.

Hähnchenflügel mit Salz und Pfeffer
椒盐鸡翅

1

Die Hähnchenflügel waschen und abtropfen lassen.

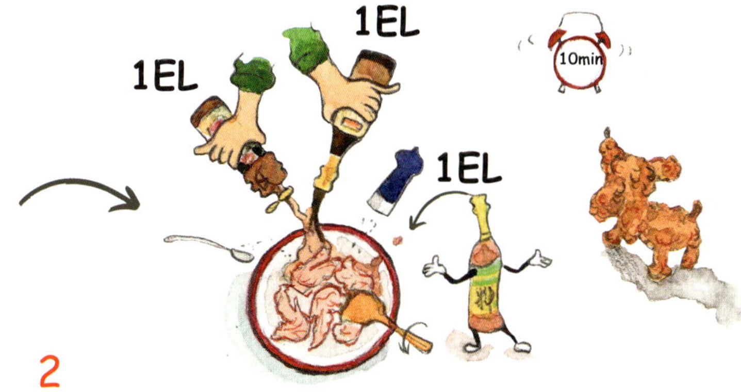

2

Kochreiswein, dunkle und helle Sojasoße, schwarzen Pfeffer und Salz miteinander vermengen und die Flügel damit marinieren. 10 Minuten ziehen lassen. Fleischsaft abgießen.

3

Eigelb, Weizenmehl und Speisestärke zu Teig vermengen und die marinierten Flügel hinzugeben. Flügel mit Teig gut umhüllen.

4

Jede Seite der Hähnchenflügel 7-8 Minuten in einer Pfanne mit ein wenig Speiseöl auf kleiner Flamme braten.

5

Aus der Pfanne nehmen und mit gehacktem Rosmarin bestreuen.

Schwierigkeit:
Dauer: ca. 20 min.

Sautiertes Rindergeschnetzeltes auf Sellerie
芹菜炒牛肉丝

Zutaten
(für 2 Personen)

1. 120 g Rinderfilet
2. 360 g Sellerie
3. 12 g rote Peperoni
4. 10 g Frühlings-zwiebeln
5. 5 g Ingwer
6. 9 g Knoblauch
7. 1 g Natron
8. 2 EL + 1 EL Speiseöl
9. 1 EL helle Sojasoße
10. 1 TL Zucker
11. 1/3 TL Salz
12. 1 TL Speisestärke
13. 20 ml Wasser

Sautiertes Rindergeschnetzeltes mit Sellerie ist ein klassisches Gericht, das in chinesischen Restaurants sehr verbreitet ist. In Streifen geschnittenes Rinderfleisch muss nicht sehr dünn geschnitten werden, eine Breite von 0,8-1 cm ist ideal.

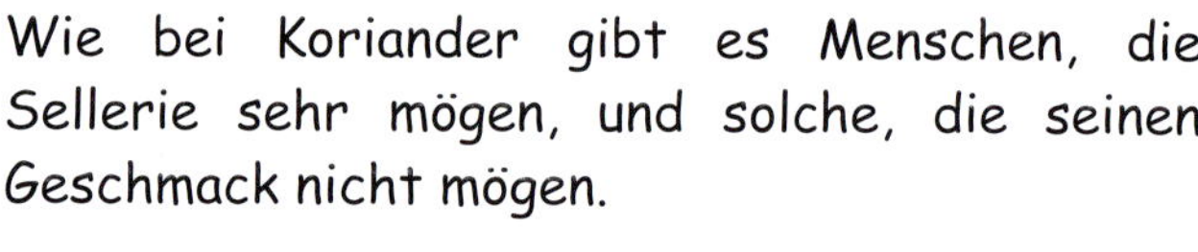

Wie bei Koriander gibt es Menschen, die Sellerie sehr mögen, und solche, die seinen Geschmack nicht mögen.

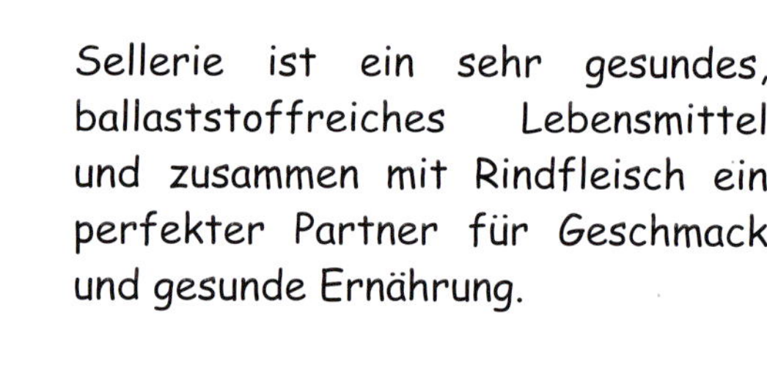

Sellerie ist ein sehr gesundes, ballaststoffreiches Lebensmittel und zusammen mit Rindfleisch ein perfekter Partner für Geschmack und gesunde Ernährung.

Schwierigkeit: 

Dauer: ca. 20 min.

Sautiertes Rindergeschnetzeltes auf Sellerie

芹菜炒牛肉丝

1

Rindfleisch zerkleinern, mit Wasser waschen, um das Blut zu entfernen, und das Wasser auspressen.

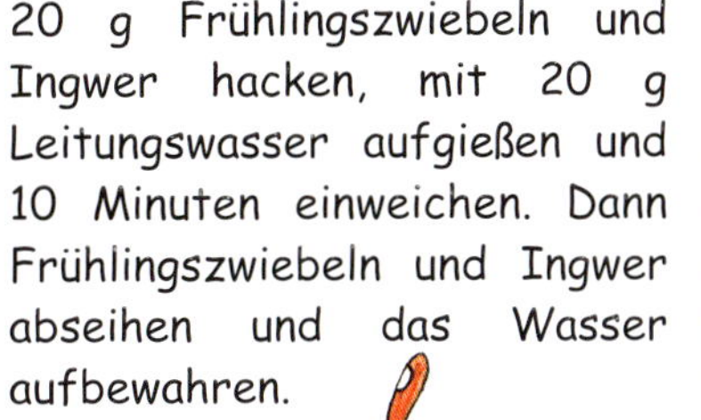

2

20 g Frühlingszwiebeln und Ingwer hacken, mit 20 g Leitungswasser aufgießen und 10 Minuten einweichen. Dann Frühlingszwiebeln und Ingwer abseihen und das Wasser aufbewahren.

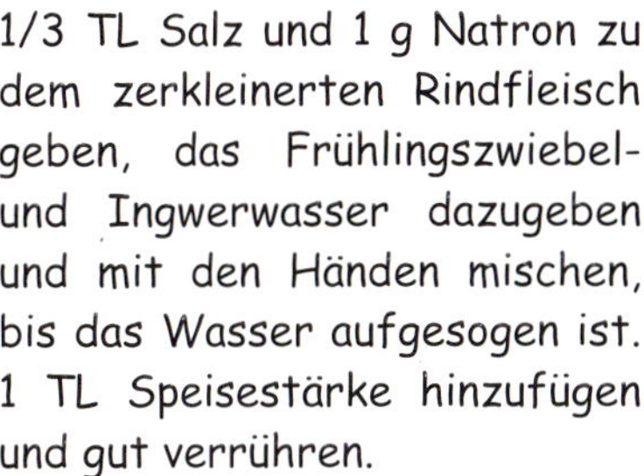

3

1/3 TL Salz und 1 g Natron zu dem zerkleinerten Rindfleisch geben, das Frühlingszwiebel- und Ingwerwasser dazugeben und mit den Händen mischen, bis das Wasser aufgesogen ist. 1 TL Speisestärke hinzufügen und gut verrühren.

4

Sellerie und rote Peperoni waschen und in Scheiben schneiden, den Knoblauch hacken.

5

2 EL Speiseöl in einer Pfanne erhitzen und den gehackten Knoblauch und das zerkleinerte Rindfleisch bei starker Hitze anbraten. Nach dem Garen beiseitestellen.

6

1 EL Speiseöl in die Pfanne geben, den Sellerie, die Peperoni, 1/3 TL Salz hinzufügen und bei starker Hitze unter Rühren anbraten, bis sie weich werden. Über das zerkleinerte Rindfleisch gießen, 1EL Sojasoße und 1TL Zucker hinzufügen, eine Minute unter Rühren braten und servieren.

Schwierigkeit: 🏮
Dauer: ca. 20 min. 🕖🕖

Klassische gebratene Nudeln
什锦炒面

Zutaten
(für 2 Personen)

- 400 g chinesische dicke Nudeln
- 1000g Leitungswasser
- 150 g Rinderfilet
- 1 Ei (L)
- 100 g Gewürztofu
- 50 g Sojasprossen
- 50 g Zwiebel
- 85 g Baby-Pak-Choi
- 60 g Frühlingszwiebel
- 2 EL +1EL Speiseöl
- 1 EL dunkel Sojasoße
- 2 EL helle Sojasoße
- 1 TL schwarzer Pfeffer (gemahlen)
- 1 TL Sesamöl
- 1 TL gerösteter schwarzer Sesam

Gebratene Nudeln sind weit verbreitet. Sie können mit einer Vielzahl von Gemüsesorten mit Fleisch gebraten werden und sind eines der einfachsten und köstlichsten Gerichte der Hausmannskost in China. Die verwendeten chinesischen Nudeln können je nach Geschmack so dick oder so dünn sein, wie Sie möchten. Für eine glattere Textur können Sie auch japanische Udon-Nudeln verwenden.

Die Zutaten können frei kombiniert werden, hier sind einige Möglichkeiten:

- Dicke Nudeln + Schweinefleisch + Baby Pak Choi + Pilze
- Dicke Nudeln + geräucherter Schinkenspeck + rote und grüne Paprika
- Dünne Nudeln + Rührei + Kraut
- Dünne Nudeln + Hühnerfleisch + Karotten + Zwiebeln
- Udon-Nudeln + Rinderfilet + Sojasprossen + Frühlingszwiebeln
- Udon-Nudeln + Gewürze Tofu + Enoki-Pilze + Spinat

Sie können mit den Zutaten spielen und den Geschmack der gebratenen Nudeln frei bestimmen. Mit Fantasie zum "Nudelmeister"! Das "klassische" Wok-Nudel-gericht zeige ich Ihnen hier.

Schwierigkeit:
Dauer: ca. 20 min.

Klassische gebratene Nudeln
什锦炒面

1

Eier in eine Schale aufschlagen und vermischen. 2 EL Speiseöl in die Pfanne geben. Eiermasse in die Pfanne geben und bei starker Hitze verrühren, dann beiseitestellen.

2

Rinderfilet zerkleinern. Dunkel Sojasoße und den gemahlenen schwarzen Pfeffer hinzufügen und nach Geschmack kneten. Dann 5 Minuten ruhen lassen.

3

Den Gewürztofu und die Zwiebel zerkleinern, die Frühlingszwiebel waschen und schneiden. Die Blätter des Baby-Pak Choi abreißen

Schwierigkeit:
Dauer: ca. 20 min.

Klassische gebratene Nudeln
什锦炒面

4
1000g Wasser in einem Topf zum Kochen bringen. 1 Minute lang die Nudeln im Wasser kochen, dann aus dem Topf nehmen und mit kaltem Wasser abspülen und abtropfen lassen.

5
1 EL Speiseöl in einer Pfanne bei starker Hitze erhitzen. Das marinierte Rindfleisch und die Frühlingszwiebeln hinzufügen. Unter Rühren anbraten, dann beiseitestellen.

6
Gewürztofu, Zwiebeln und Sojasprossen in die Pfanne geben, bei starker Hitze unter Rühren anbraten, dann beiseitestellen.

Schwierigkeit: 🏮
Dauer: ca. 20 min. 🕐🕐

Klassische gebratene Nudeln
什锦炒面

7

Gekochte Nudeln direkt in die Pfanne geben, helle Sojasoße hinzugeben und 30 Sekunden bei starker Hitze unter Rühren braten. Dann Rührei, zerkleinertes Rindfleisch, zerkleinerten Frühlingszwiebel, Gewürztofu ,Zwiebel, Baby-Pak Choi und Sojasprossen hinzugeben. 2 Minuten unter Rühren anbraten.

8

Mit Sesamöl beträufeln. Dann mit schwarzem Sesam bestreuen und servieren.

Schwierigkeit: 

Reis mit Schinkenwürfel und pak Choi (Shanghai-Stil)

Dauer: ca. 20 min.

上海菜饭

Zutaten

(für 2 Personen)

- 250 g Reis
- 70 g gewürfelter Rohschinken
- 200 g Pak Choi
- 1 EL Speiseöl
- 200 g Leitungswasser

Charakteristisch für dieses Gericht ist das im Shanghai-Stil gesalzene Schweinefleisch, ein in Salz, Weißwein und Pfefferkörnern mariniertes Schweinebauchfleisch. Im Winter gibt es sie in Shanghai in jedem Haushalt. Ein überaus typisches, lokales Essen.

Das Aroma des gesalzenen Fleischs und des Pak Choi (auch als „Shanghai-Grün" bekannt) verbindet sich zu einem reichen und frischen Geschmack in jedem Reiskorn.

Die Zubereitung von gesalzenem Schweinebauchschinken ist etwas schwierig, daher verwenden wir hier stattdessen rohen gewürfelten Schinken, der geschmacklich ähnlich, aber viel einfacher zuzubereiten ist.

Reis mit Rohschinken Würfel und Pak Choi im Shanghai-Stil ist die Erinnerung eines jeden Shanghainesen, der „Geschmack der Mutter", der alte Geschmack, den „alte Shanghainesen" vermissen.

Schwierigkeit: 🏮 **Reis mit Schinkenwürfel und pak Choi (Shanghai-Stil)**
Dauer: ca. 20 min. 🕐🕐 上海菜饭

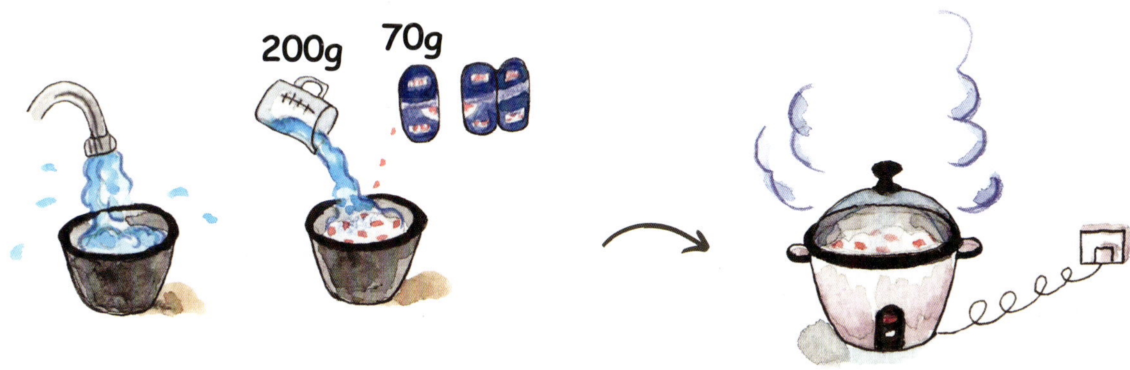

1
Den Reis waschen, 200 g Wasser und den gewürfelten Rohschinken dazugeben und in einem elektrischen Reiskocher kochen.

2
Den Pak Choi in Würfel schneiden, das Speiseöl in die Pfanne geben und bei starker Hitze kurz anbraten.

3
Wenn Reis und Schinken gar sind, den gewürfelten Pak Choi dazugeben und vorsichtig umrühren. Den Reiskocher mit einem Deckel abdecken und so lange köcheln lassen, bis der Reis vollständig gar ist.

Schwierigkeit: 

Dauer: ca. 25 min.

Prinzessbohnen mit gebratenen Schinken-Speckwürfeln
四季豆炒火腿丁

Zutaten
(für 2 Personen)

- 200 g Prinzessbohnen
- 200 g rohe Schinkenwürfel
- 10 g rote Peperoni
- 10 g Knoblauch
- 2 EL Speiseöl
- ½ TL Sesamöl
- 2 EL Leitungswasser.

Prinzessbohnen sind sehr zart, kochen aber nicht leicht. Es dauert mindestens 12 Minuten, bis sie weich sind, wenn sie in Öl gebraten werden.

Der gewürfelte Schinken hat eine rosa Farbe und ein ausgeprägtes Aroma. Die rote Peperoni verleiht ihnen einen Hauch von süß-scharfer Würze.

Wenn Sie das Gefühl haben, dass der Knoblauch und das Sesamöl noch nicht ausreichen, um Ihre Geschmacksnerven zu befriedigen, fügen Sie am Ende 1/3 TL Pfefferöl hinzu, um für die Geschmacksnerven eine beruhigendere Empfindung zu erzielen, die ebenfalls sehr lecker und wohlbekömmlich ist. Die Zugabe von Pfefferöl ist nicht zwingend erforderlich, daher sollten Sie diese nach eigenem Ermessen entscheiden.

Schwierigkeit:
Dauer: ca. 25 min.

Prinzessbohnen mit gebratenen Schinken-Speckwürfeln
四季豆炒火腿丁

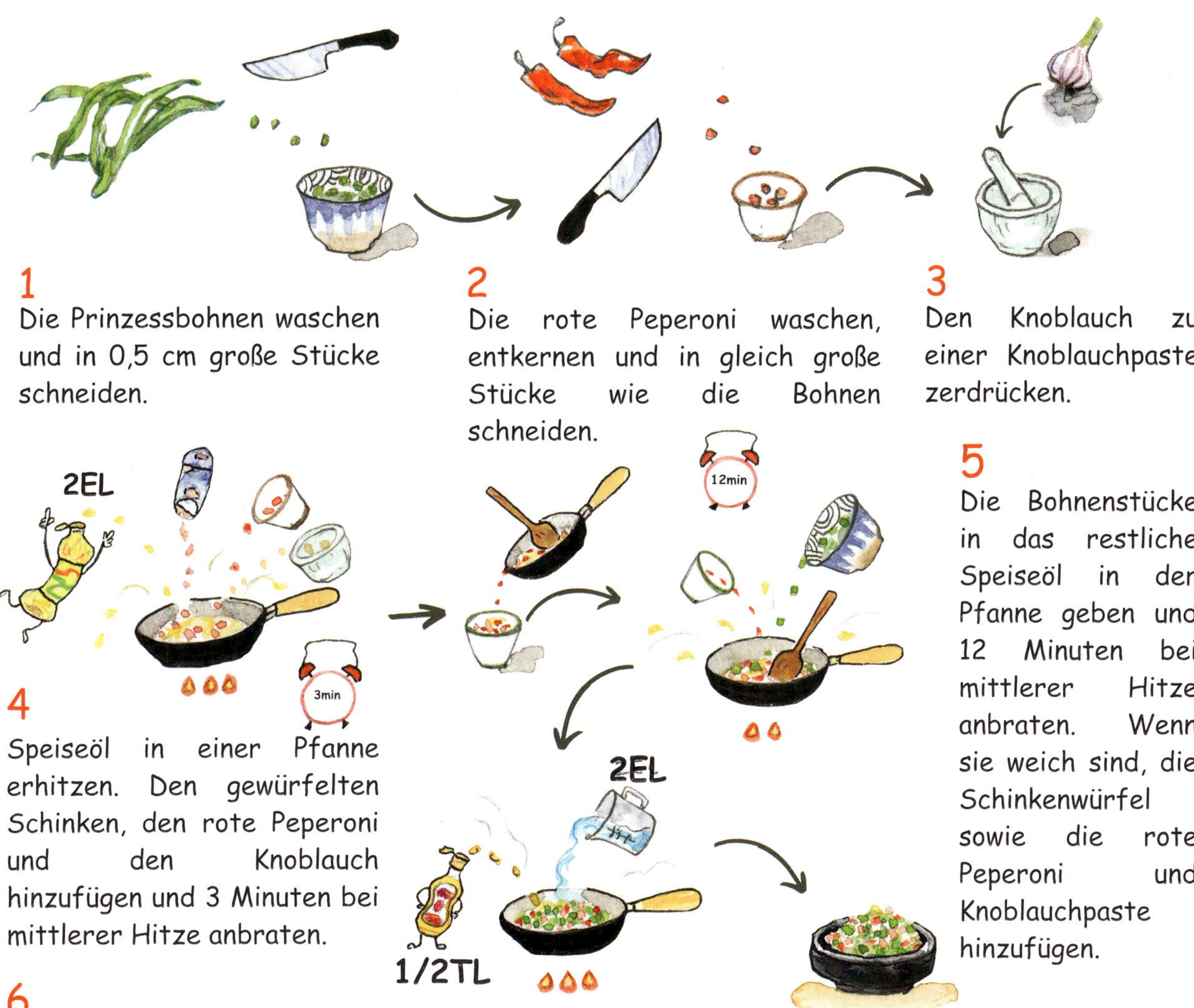

1
Die Prinzessbohnen waschen und in 0,5 cm große Stücke schneiden.

2
Die rote Peperoni waschen, entkernen und in gleich große Stücke wie die Bohnen schneiden.

3
Den Knoblauch zu einer Knoblauchpaste zerdrücken.

4
Speiseöl in einer Pfanne erhitzen. Den gewürfelten Schinken, den rote Peperoni und den Knoblauch hinzufügen und 3 Minuten bei mittlerer Hitze anbraten.

5
Die Bohnenstücke in das restliche Speiseöl in der Pfanne geben und 12 Minuten bei mittlerer Hitze anbraten. Wenn sie weich sind, die Schinkenwürfel sowie die rote Peperoni und Knoblauchpaste hinzufügen.

6
2 EL Leitungswasser hinzufügen und bei starker Hitze 1 Minute kochen. Dann mit Sesamöl beträufeln und auf einem Teller servieren. Fertig!

Schwierigkeit: 
Dauer: ca. 20 min. 

Gebratener Bauchspeck mit köstlichem Spitzkohl
卷心菜炒烟熏无花火腿

Zutaten

(für 2 Personen)

- 300 g Spitzkohl
- 150 g geräucherter Bauchspeck
- 10 g Knoblauch
- 10 g rote Peperoni
- 35 g Frühlingszwiebeln
- 1 EL helle Sojasoße
- 1 EL Reisessig
- 2 EL + 1 EL Speiseöl
- 1 TL Zucker

Geräucherter Bauchspeck hat einen großartigen Geschmack und kann in Scheiben oder Würfel geschnitten und mit Gemüse (z. B. Kohl, Knoblauchsprössling, Blumenkohl und Sellerie) zu einem köstlichen Pfannengericht verarbeitet werden. Der geräucherte Bauchspeck hat einen salzigen Eigengeschmack, ebenso wie die Sojasoße, so dass es nicht nötig ist, dem Gericht zusätzliches Salz hinzuzufügen.

Reisessig und Zucker sind in der chinesischen Küche eine berühmte Kombination, die als "Zucker und Essig" bezeichnet wird, und kann auch zum Kochen von Fleisch und Fisch verwendet werden.

Bei diesem Gericht dominiert der Geschmack von Zucker und Essig und beim Kauen entsteht ein rauchiges Aroma. Das ist ein unverwechselbarer Geschmack.

Schwierigkeit:

Dauer: ca. 20 min.

Gebratener Bauchspeck mit köstlichem Spitzkohl

卷心菜炒烟熏无花火腿

1

Die Frühlingszwiebel in Stücke schneiden, die rote Peperoni in Scheiben schneiden und den Knoblauch zerdrücken.

2

Den geräucherten Bauchspeck in 0,2cm dicke Scheiben schneiden. 2 EL Speiseöl in einem Wok erhitzen und die Schinkenscheiben darin bei starker Hitze anbraten.

3

Frühlingszwiebeln, rote Peperoni und Knoblauch hinzufügen und bei mittlerer Hitze 2 Minuten lang unter Rühren braten.

4

1 El Speiseöl noch einmal in den Wok geben, den Spitzkohl hinzufügen und 2 Minuten bei starker Hitze unter Rühren anbraten. Reisessig, helle Sojasoße und Zucker hinzufügen.

5

Die gebratenen Bauchspeckscheiben,Frühlingszwiebeln, rote Peperoni und Knoblauch dazugeben und 1 Minute lang bei starker Hitze anbraten. Fertig!

Schwierigkeit:
Dauer: ca. 15 min.

Gedämpfter Fisch (Heilbutt oder Kabeljau)
清蒸鱼（比目鱼或鳕鱼

Zutaten

(für 2 Personen)

- 380 g Fisch (kreuzweise angeschnitten)
- 25 g +35 g Frühlingszwiebeln
- 15 g Ingwer
- 1 TL Kochreiswein
- 2 EL Speiseöl
- 2 EL Helle Sojasoße
- 800 g Leitungswasser.

Das Dämpfen zeichnet sich dadurch aus, dass es nicht fettig ist und eignet sich daher besonders gut zum Garen von grätenarmem Fisch. Sie können Fischteile oder ganze Fische dämpfen. Da Chinesen nicht gerne rohen Fisch bzw. rohe Garnelen essen, wird häufig gedämpft. Bei der Dämpfmethode bleibt der Fisch im Vergleich zum Braten maximal frisch und die frischen Zutaten werden besser geschützt.

Gießen Sie die Brühe nach dem Dämpfen ab, um den Fischgeschmack vollständig zu entfernen, und übergießen Sie sie mit der frisch zubereiteten Soße. Sie werden von diesem einzigartigen Geschmack nachts träumen.

Schwierigkeit:
Dauer: ca. 15 min.

Gedämpfter Fisch (Heilbutt oder Kabeljau)
清蒸鱼 （比目鱼或鳕鱼

1
25 g Frühlingszwiebeln in Stücke und den Ingwer in Scheiben schneiden. 35 g Frühlingszwiebeln hacken und getrennt aufheben.

2
800 g Wasser in den Dampfgarer geben und zum Kochen bringen.

3
Die Fischsegmente auf einen Teller legen, 1 TL Kochreiswein gleichmäßig über den Fisch gießen und mit den geschnittenen Frühlingszwiebeln und dem Ingwer auflegen.

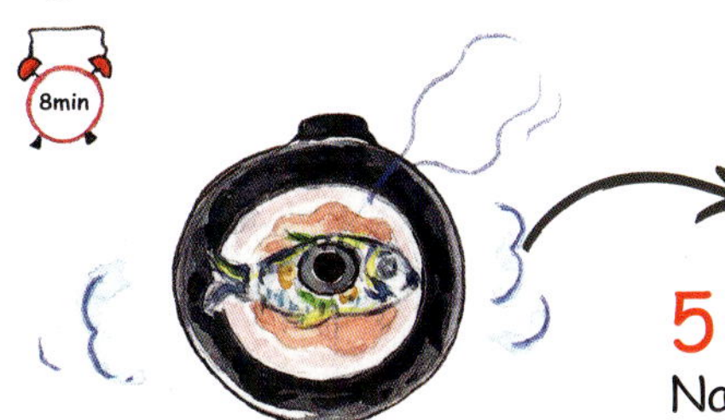

4
In den Dampfgarer geben, abdecken und bei starker Hitze 8 Minuten dämpfen.

5
Nach dem Dämpfen die Frühlingszwiebeln und den Ingwer entfernen und wegwerfen, die Flüssigkeit, die der Fisch beim Dämpfen abgegeben hat, ebenfalls wegwerfen.

6
Das Speiseöl in einer Pfanne bei mittlerer Hitze erhitzen, die 35 g gehackten Frühlingszwiebeln hinzugeben und anschwitzen, bis ein duftendes Aroma entsteht. Die Sojasoße hinzufügen und zu einer Soße verrühren. Zum Schluss die Soße gleichmäßig über die gedampfte Fischstücke gießen.

Schwierigkeit: 
Dauer: ca. 20 min.

Verfeinerte Kartoffelstreifen aus China
青椒土豆丝

Zutaten
(für 2 Personen)

- 300 g Speisekartoffeln
- 90 g grüne Paprika
- 20 g rote Peperoni
- 10 g Knoblauch
- 10 g Frühlingszwiebeln
- 3 EL Speiseöl
- 1 TL Salz
- 1 EL Reisessig
- 1TL Pfefferöl

Verfeinerte Kartoffelstreifen mit grüner Paprika sind in ganz China ein gängiges Haushaltsgericht, das zuerst im Nordwesten des Landes auftauchte. Um sich als chinesischer Koch der Stufe 3 zu qualifizieren, müssen Sie ein Gericht mit verfeinerten Kartoffelstreifen und grüner Paprika zubereiten. Sind Sie dafür bereit? Denn verfeinerte Kartoffelstreifen mit grüner Paprika sind keine leichte Aufgabe.

Beim Pfannenrühren dieses Gerichts gibt es einige wichtige Punkte zu beachten:

- Die Kartoffeln so dünn und gleichmäßig wie möglich schneiden, in der gleichen Breite wie die geraspelten Paprika und roten Peperoni.
- Die Kartoffeln in Wasser waschen, um die Stärke zu entfernen, und sie 3 Minuten lang in kaltem Wasser einweichen.
- Die Hitze die ganze Zeit über erhöhen, während Sie dieses Gericht unter Rühren anbraten.
- Der Zeitpunkt der Zugabe des Essigs ist entscheidend für die Knusprigkeit der Kartoffelraspeln, da der Essig sie knusprig hält. Je später Sie den Essig hinzugeben, desto weicher werden die Kartoffeln.

Ihr Ziel ist es also, ein knusprig, grün und gelbes Gericht zu zaubern, denn so schmecken verfeinerte Kartoffelstreifen aus China am besten!

Schwierigkeit: 🏮🏮
Dauer: ca. 20 min. 🕖🕖

Verfeinerte Kartoffelstreifen aus China
青椒土豆丝

1
Kartoffeln schälen und in feine streichholzartige Streifen schneiden. Dann zweimal waschen.

2
Kartoffelstreifen dann 3 Minuten lang in kaltem Wasser einweichen, abgießen und beiseitestellen.

3
Paprika waschen, entkernen und in feine streichholzartige Streifen schneiden.

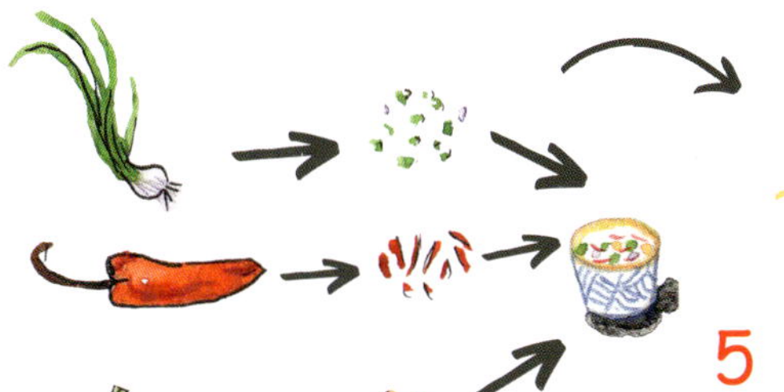

3EL

1EL

4
Die Frühlingszwiebeln hacken, die rote Peperoni zerkleinern und Knoblauch zerdrücken.

5
Speiseöl in einer Pfanne bei starker Hitze erhitzen und Knoblauch, Frühlingszwiebeln und rote Peperoni anbraten, um das Aroma zu entfalten.

6
Dann die zerkleinerten grüne Paprika und Kartoffeln zu geben und 30 Sekunden lang bei starker Hitze anbraten, dann den Reisessig hinzufügen.

1TL

1TL

7
Salzen und eine weitere Minute unter Rühren braten. Dann das Pfefferöl hinzufügen.

Schwierigkeit:
Dauer: ca. 20 min.

Verfeinerte Kartoffelstreifen aus China
青椒土豆丝

Wie schneidet man perfekte verfeinerte Kartoffeln für das Gericht?

1
Schalen Sie die Kartoffeln.

2
Auf einer Seite der Kartoffeln ein paar Scheiben abschneiden. Mit der abgeflachten Seite auf ein Schneidebrett legen, damit die Kartoffel nicht mehr herumrutscht.

3
0,3 cm dicke Scheiben von der Kartoffel abschneiden, bis die ganze Kartoffel geschnitten ist.Die Kartoffelscheiben mit den Händen leicht flachdrücken und zusammenlegen.So fein wie möglich zerkleinern. Das Wichtigste ist jedoch, dass die geschnittenen Kartoffelstreichhölzer alle die gleiche Dicke haben.

4
Die Verfeinerte Kartoffelstreifen in kaltem Wasser tauchen, damit sie sich nicht verfärben.

Schwierigkeit: 🏮🏮
Dauer: ca. 20 min. 🕐🕐

Verfeinerte Kartoffelstreifen aus China
青椒土豆丝

Wie schneidet man perfekte verfeinerte rote Paprika für das Gericht?

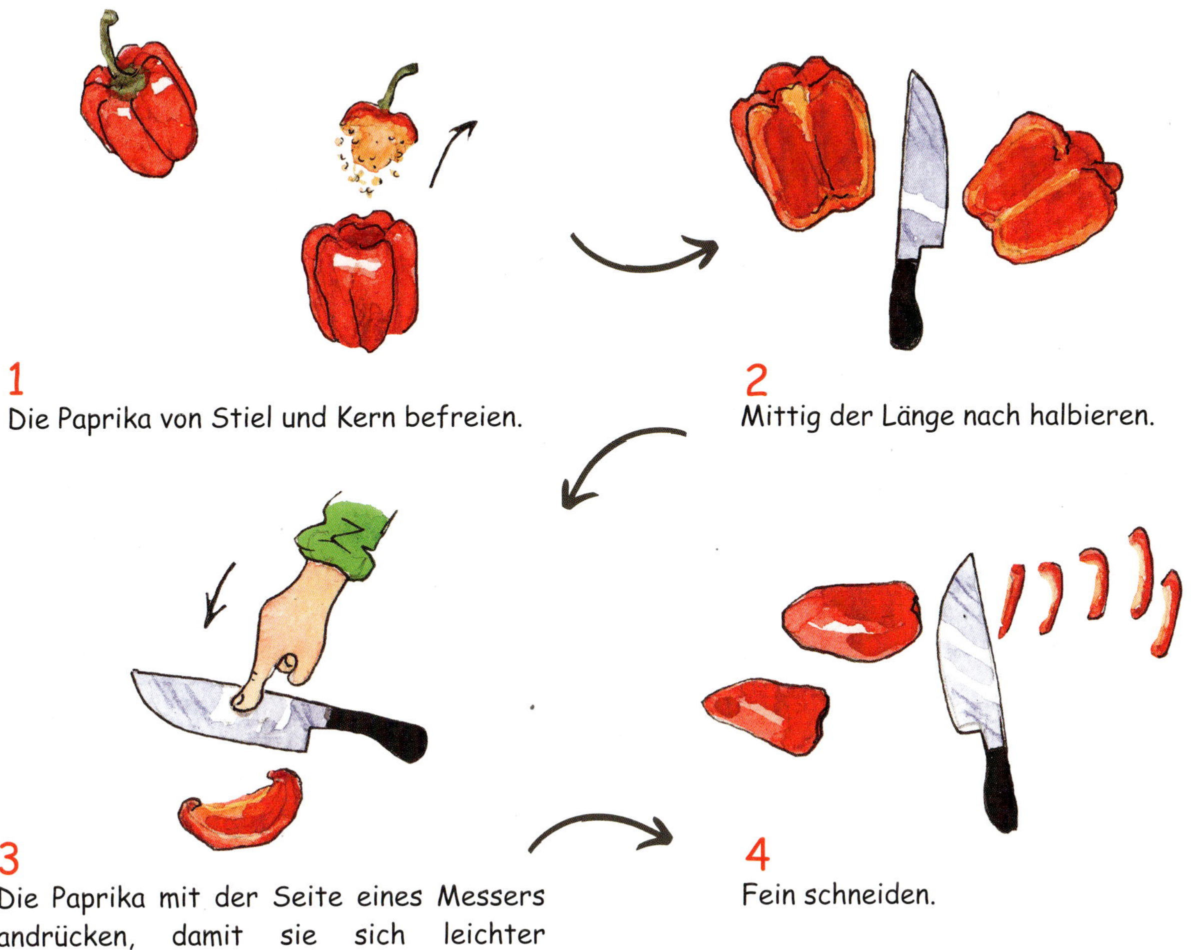

1
Die Paprika von Stiel und Kern befreien.

2
Mittig der Länge nach halbieren.

3
Die Paprika mit der Seite eines Messers andrücken, damit sie sich leichter schneiden lassen.

4
Fein schneiden.

Schwierigkeit: 

Dauer: ca. 2 Std.

Geschmorte Schweinshaxe aus dem Reich der Mitte

红烧蹄膀

Zutaten

(für 4 Personen)

- 1200 g Schweinehaxe
- 20 g Frühlingszwiebeln
- 15 g Ingwer
- 20 g chinesische Gewürzmischung zum Marinieren
- 2EL+1EL Kochreiswein
- 3 EL helle Sojasoße
- 2 EL dunkel Sojasoße
- 3 EL+1EL Zucker
- 1 TL Salz
- 1500 g+1000 g Leitungswasser

Geschmorte Schweinehaxe ist das wichtigste Familiengericht des chinesischen Neujahrs. Dieses Must-have-Gericht ist aber noch vielmehr. Es wird als ein symbolisches und gesegnetes Gericht angesehen, das Harmonie und Fülle symbolisiert. Diese vorzügliche Speise hat eine leuchtend bernsteinfarbene Farbe, eine al dente Haut und zartes Fleisch.

Die wichtigsten Punkte bei der Zubereitung dieses Gerichts:

- Blanchieren Sie die Schweinehaxe lange genug. Nur so kann sie ihren Geschmack voll entfalten.
- Die Menge an Zucker ist ziemlich groß. Lassen Sie sich dadurch nicht irritieren.

Die geschmorte Schweinehaxe wird in einer Marinade gegart und das Fleisch ist köstlich und zergeht auf der Zunge. Sie kann auf Salatblättern oder in Pfannkuchen gerollt oder direkt auf den Reis gelegt serviert werden.

Schwierigkeit: 🏮🏮
Dauer: ca. 2 Std. 🕐🕐🕐🕐🕐🕐

Geschmorte Schweinshaxe aus dem Reich der Mitte
红烧蹄膀

1

Die Haut der Schweinehaxe mit einem Flambierbrenner anbraten, um die Haare zu entfernen und die Haut zu schrumpfen.

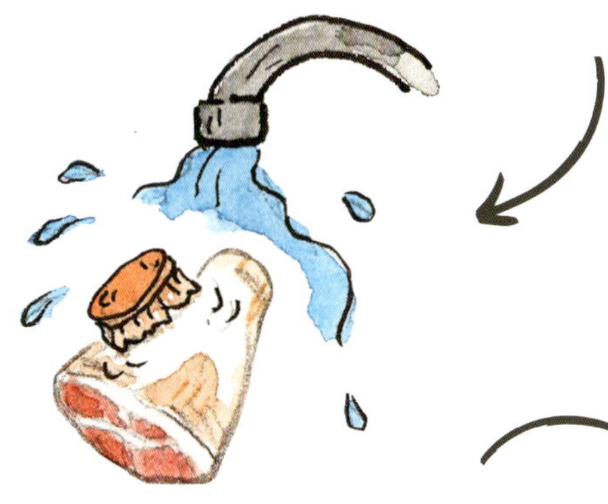

2

Die Haut mit Wasser abwaschen.

3

1500 g Wasser, die in Stücke geschnittene Frühlingszwiebel, den in Scheiben geschnittenen Ingwer und 2 EL Kochwein in einem Topf bei starker Hitze erhitzen. Die Schweinehaxe 20 Minuten lang blanchieren.

Schwierigkeit: 

Dauer: ca. 2 Std.

Geschmorte Schweinshaxe aus dem Reich der Mitte
红烧蹄膀

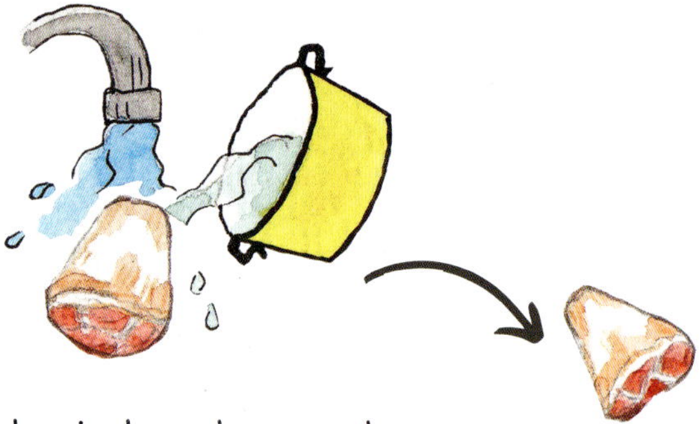

4

Die Schweinehaxe herausnehmen und abspülen.

5

1000 g Wasser, 1TL Salz, 1 EL Kochreiswei[illegible] 3EL helle Sojasoße, 2EL dunkle [illegible] 35min [illegible]e,3 EL Zucker und chinesische Gewürzmischung zum Marinieren in den Schnellkochtopf geben.

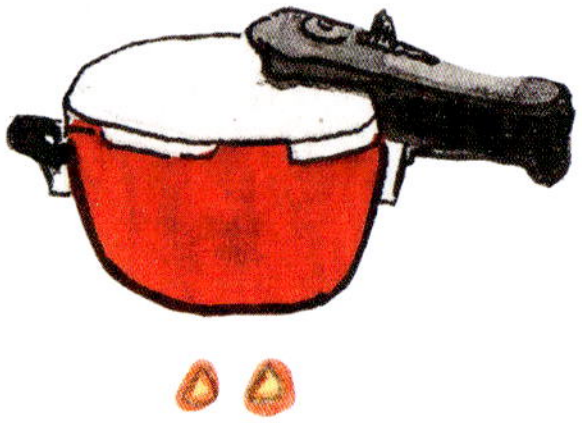

6

35 Minuten bei mittlerer Hitze unter hohem Druck kochen.

Schwierigkeit:

Dauer: ca. 2 Std.

Geschmorte Schweinshaxe aus dem Reich der Mitte

红烧蹄膀

7

Den Schnellkochtopf entgasen, um den Druck abzulassen, und die Schweinehaxe umdrehen. Erneut unter Druck setzen und bei mittlerer Hitze 35 Minuten kochen.

8

150 g Brühe aus dem Schnellkochtopf in eine Pfanne gießen, 1 EL Zucker hinzufügen und bei starker Hitze einkochen lassen, bis die Brühe eindickt und dickflüssig wird.

9

10

Die gegarte Schweinehaxe aus dem Schnellkochtopf nehmen und auf einen Teller legen. Mit eingedickter Brühe beträufeln und servieren.

Schwierigkeit:
Dauer: ca. 25 min.

Kung-Pao-Hühnchen
宫保鸡丁

Zutaten

(für 2 Personen)

- 200 g Hähnchenbrust
- 200 g Porree
- 80 g geröstete Erdnüsse (ungesalzen)
- 5 g Frühlingszwiebeln
- 5 g Ingwer
- 5 g Knoblauch
- 5 g getrocknete Chilischoten
- 2 EL helle Sojasoße
- 1 TL dunkel Sojasoße
- 1 EL Reisessig
- 2 TL Zucker
- 1 EL Kochreiswein
- $\frac{1}{2}$ TL Salz
- $\frac{1}{2}$ TL weißer Pfeffer (gemahlen)
- 2TL+$\frac{1}{2}$TL Speisestärke
- 1TL+4EL+1EL Speiseöl
- 50 g +30 g Leitungswasser

Kung-Pao-Hühnchen ist ein weltberühmtes, traditionelles chinesisches Gericht, das in der Regel aus gewürfeltem Hühnerfleisch und Erdnüssen besteht und mit Gurken- und Karottenwürfeln kombiniert wird.

In diesem Rezept werden die Gurken- und Karottenwürfel durch gewürfelten Porree ersetzt. Porree hat ein leichteres Aroma als Frühlingszwiebeln und schmeckt eher wie ein saftiges Gemüse.

Für das gewürfelte Hähnchenfleisch kann sowohl Hähnchenschenkel als auch Hähnchenbrust genutzt werden. Schneiden Sie bitte die Hähnchenwürfel nicht zu groß. Ca. 1 cm dick ist besser geeignet und leichter zu schmecken.

Erdnüsse können auch durch Cashewnüsse ersetzt werden, die für die Zubereitung des Kung-Pao-Hühnchen verwendet werden. Bitte beachten Sie: Verwenden Sie geröstete, ungesalzene Erdnüsse und Cashewnüsse.

Wenn Sie einmal gelernt haben, wie man Kung-Pao-Hühnchen zubereitet, werden Sie anderen zeigen können: „Ich kann doch ein authentisches, chinesisches Gericht kochen!"

Schwierigkeit:
Dauer: ca. 25 min.

Kung-Pao-Hühnchen
宫保鸡丁

1
Fleisch und Porree waschen und würfeln.

4EL

4
4 EL Speiseöl in einer Pfanne bei starker Hitze erhitzen. Die Hühnerfleischmischung hinzufügen und unter Rühren anbraten, dann beiseitestellen.

1/2TL

5min

1/2TL

2TL

1TL

3
Frühlingszwiebel, Ingwer und Knoblauch hacken.

2
Fleisch trocknen, salzen, mit Kochreiswein und weißem Pfeffer würzen. Die Masse locker mit den Händen vermischen. 2 TL Speisestärke der Masse hinzufügen und wieder mit den Händen verrühren. 1 TL Speiseöl hinzugeben und 5 Minuten marinieren lassen.

Schwierigkeit:

Dauer: ca. 25 min.

Kung-Pao-Hühnchen

宫保鸡丁

5

Den gewürfelten Porree in dem restlichen Speiseöl in der Pfanne anbraten. Dann beiseitestellen.

6

1 EL Speiseöl in einem Wok erhitzen und gehackten Frühlingszwiebeln, Ingwer, Knoblauch und getrockneten Chilischoten unter Rühren anbraten. Sojasoße, Essig und Zucker hinzufügen und mit 50 ml Wasser zu einer Soße aufkochen.

8

Das gewürfelte Hähnchenfleisch und den Porree in die Soße geben, die Erdnüsse hinzufügen und bei mittlerer Hitze unter Rühren anbraten.

9

1/2 TL Speisestärke in 30 ml Wasser verrühren und zum Andicken gleichmäßig in die Pfanne geben. Den Herd ausschalten und servieren.

Schwierigkeit: 🏮🏮
Dauer: ca. 25 min. 🕖🕖🕖

Hausgemachter Reistopf
秘制煲仔饭

Zutaten
(für 2 Personen)

- 200 g Reis
- 80 g Mettwurst
- 80 g gekochte Edamame-Bohnen
- eine Prise getrockneter Seetang
- 40 g geraspelter Kohl
- 40 g geraspelte Karotten
- 40 g Champignons
- 2EL + 1EL helle Sojasoße
- 1 EL Speiseöl
- 180 g Wasser

Reistopf ist ein traditionelles Gericht aus der Region Guangdong in Südchina. Bei dieser Kochmethode wird Reis in ein Steingutgefäß gegeben, die Wassermenge genau abgemessen, der Deckel aufgesetzt und der Reis gekocht, bis er al dente ist. Anschließend werden die Zutaten hinzugefügt, und das Gericht über niedrigem Feuer gekocht. Der traditionelle Reistopf erfordert einen speziellen Topf und ein offenes Feuer, was meist etwas schwierig ist. Diese ist eine „faule" Version, die im Reiskocher gekocht wird. Sie ist schnell und einfach, aber dennoch treu den Eigenschaften des traditionellen Reistopfes.

Der Reis nimmt den Geschmack der Füllung und des Öls auf, wodurch er ein unverwechselbares Reisaroma erhält. Der Reis am Boden des Topfes ist besonders köstlich, da er eine knusprige Reiskruste bildet.

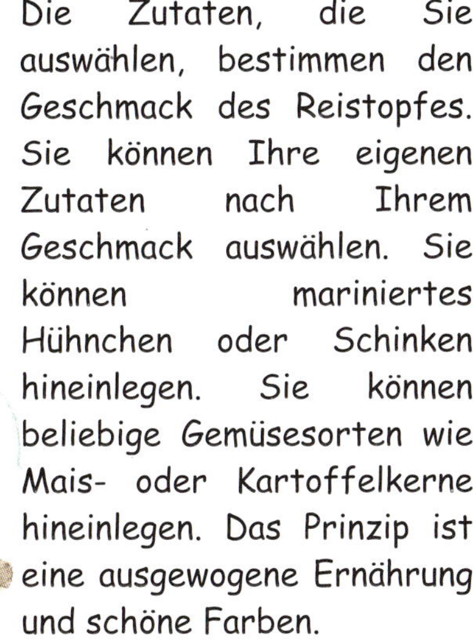

Die Zutaten, die Sie auswählen, bestimmen den Geschmack des Reistopfes. Sie können Ihre eigenen Zutaten nach Ihrem Geschmack auswählen. Sie können mariniertes Hühnchen oder Schinken hineinlegen. Sie können beliebige Gemüsesorten wie Mais- oder Kartoffelkerne hineinlegen. Das Prinzip ist eine ausgewogene Ernährung und schöne Farben.

Schwierigkeit:
Dauer: ca. 25 min.

Hausgemachter Reistopf
秘制煲仔饭

1
Reis waschen, 2 EL Sojasoße dazugeben und gut vermischen. Dann in den Reiskocher geben.

2
Den getrockneten Seetang in Wasser einweichen und quellen lassen.

3
Wurst und Champignons würfeln.

4
Gekochte Edamame-Bohnen, Seetang, Kohl, Karotten und Champignons der Reihe nach auf den Reis legen. Die Wurst wird in die Mitte gelegt.

5
180 g Wasser mit 1 EL heller Sojasoße und 1 EL Speiseöl verrühren und gleichmäßig eingießen.

6
Den Reiskocher auf das normale Kochprogramm schalten. Wenn das Gericht gekocht ist, gut mischen, bevor es serviert wird.

Schwierigkeit:
Dauer: ca. 25 min.

Auberginen-Eintopf: Fisches Geschmackserlebnis pur
鱼香茄子煲

Zutaten
(für 2 Personen)

- 250 g Aubergine
- 100 g Bio-Rinderhackfleisch
- 15 g Frühlingszwiebeln
- 10 g Ingwer
- 15 g Knoblauch
- 2 EL Speiseöl
- 1 TL Kochreiswein
- 2 EL helle Sojasoße
- 1 EL dunkel Sojasoße
- 1 EL Reisessig
- 1 TL Zucker
- 1TL Speisestärke
- 1000 g+100 g Leitungswasser.

Ist in dem Fisch-Auberginen-Auflauf mit Fleisch nun Fisch drin oder nicht? Das ist etwas, das viele Chinesen selbst nicht verstehen können.

Tatsächlich ist in diesem Gericht kein Fisch enthalten. Fischduft ist der Name eines Aromas in der chinesischen Küche, das durch die Gewürze abgeschmeckt wird.

Manche Leute denken, dass der Fisch im Namen des Gerichts steckt, weil dieselben Gewürze wie beim gebratenen Fisch verwendet werden und fälschlicherweise angenommen wird, dass es Fisch enthält.

Auf jeden Fall ist dieses Gericht ein beliebtes Hausgericht und gehört zu den obligatorischen Bestellungen, wenn Familien ins Restaurant gehen.

Schwierigkeit:
Dauer: ca. 25 min.

Auberginen-Eintopf: Fisches Geschmackserlebnis pur
鱼香茄子煲

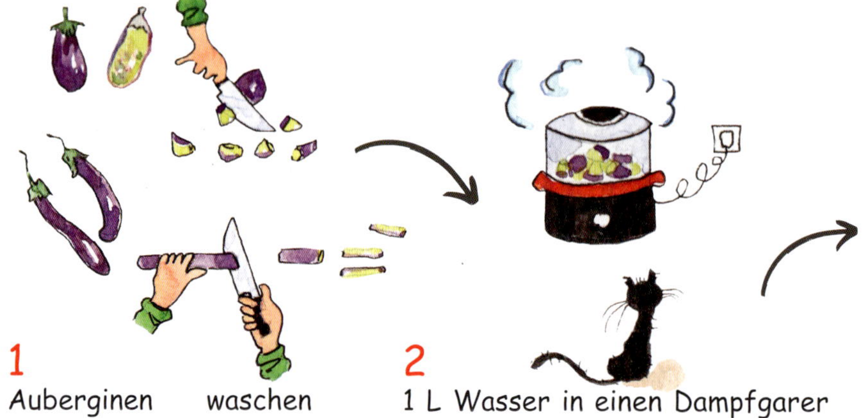

1

Auberginen waschen und in Streifen (6*1,5cm) schneiden.

2

1 L Wasser in einen Dampfgarer geben und die Auberginen 7 Minuten lang bei starker Hitze dämpfen, bis die Auberginen den Stäbchentest bestehen (leicht reinpiksen reicht).

3

Frühlingszwiebel und Ingwer hacken und den Knoblauch abtupfen. Alles separat zur Seite stellen.

2EL 1EL 1EL 1TL 1TL 100g

4

100 ml kaltes Wasser, helle und dunkel Sojasoße, Essig, Zucker und Speisestärke in eine Schüssel geben und gut verrühren, um die Soße herzustellen.

2EL 1TL

5

Speiseöl in einer Pfanne erhitzen und den Knoblauch bei starker Hitze anbraten, damit er sein Aroma entfaltet. Den gehackten Ingwer und den Kochwein hinzugeben, bis das Rinderhackfleisch durchgekocht ist.

6

Die gedünsteten Auberginen hinzufügen und unter Rühren weiterbraten. Mit der Soße aufgießen und unter Rühren braten, bis sie eindickt. Mit den gehackten Frühlingszwiebeln bestreuen und servieren.

Schwierigkeit:
Dauer: ca. 25 min.

Gebratener Blumenkohl im Wok
干锅花菜

Zutaten
(für 2 Personen)

- 600 g Blumenkohl
- 200 g Bauchfleisch vom Schwein
- 35 g Frühlingszwiebeln
- 25 g Knoblauch
- 3 g getrocknete rote Chilischoten
- 1 EL Speiseöl
- 1 EL dunkle Sojasoße
- 3 EL helle Sojasoße
- 1 EL Sojabohnenpaste
- 1 TL Pfefferöl
- 1 TL Sesamöl
- eine Prise Salz
- 800 g Leitungswasser.

Gebratener Blumenkohl im Wok ist ein besonderes Gericht, das man in einem chinesischen Restaurant unbedingt bestellen muss. Es wird nicht auf einem Teller serviert, sondern in einem kleinen Metallwok, mit einem kleinen offenen Feuer darunter, um das Essen warm zu halten.

Der Geschmack des Gerichts wird von dem leichten Aroma des Blumenkohls dominiert. Interessanterweise zieht das Öl vom Schweinefleisch in den Blumenkohl ein und vermischt sich mit dem Geschmack der Sojabohnenpaste, was ihn noch verlockender und schmackhafter macht. Das Schweinefleisch selbst wird das Fett los und wird knusprig.

Die Schärfe kann je nach Geschmack in Maßen zugegeben werden. Theoretisch sollte dem gebratenen Blumenkohl so viel Saft wie möglich entzogen werden, damit alle Aromen in den Blumenkohl einziehen können. Dieser Schritt ist jedoch nicht zwingend erforderlich.

Schwierigkeit:
Dauer: ca. 25 min.

Gebratener Blumenkohl im Wok
干锅花菜

1

Den Blumenkohl waschen und in kleine Stücke schneiden. Das Bauchfleisch in 5mm dünn Scheiben schneiden. Den Knoblauch zerdrücken, die Frühlingszwiebeln in Stücke schneiden und die getrockneten roten Chilischote waschen.

2

800 ml Leitungswasser in einem Topf zum Kochen bringen, eine Prise Salz hinzufügen. Den Blumenkohl blanchieren. Nach zwei Minuten abgießen und abtropfen lassen.

3

1EL Speiseöl in einem Wok bei starker Hitze erhitzen und das in Scheiben geschnittene Bauchfleisch und den Knoblauch hinzugeben, dabei umrühren, damit sich das Fleisch Öl- und Knoblaucharoma entfaltet. Bohnenpaste und Sojasoße hinzufügen und unter Rühren anbraten.

4

Den Blumenkohl, die getrockneten Chilischoten und die helle Sojasoße hinzufügen und 3 Minuten bei mittlerer Hitze unter Rühren weiterbraten. Dann die in geschnittenen Frühlingszwiebeln hinzufügen und eine weitere Minute unter Rühren braten.

5

Den Herd ausschalten, das Pfefferöl und das Sesamöl hinzufügen. Fertig!

Schwierigkeit:
Dauer: ca. 25 min.

Berühmte Sichuan Dan-Dan-Nudeln
担担面

Zutaten
(für 1 Person)

- 100 g chinesische Nudeln
- 100 g gemischtes Hackfleisch
- 20 g Frühlingszwiebeln
- 10 g Knoblauch
- 35 g Baby-Pak-Choi
- 20 g geröstete Erdnüsse
- 10 g Koriander
- 1EL+1EL Speiseöl
- 3EL+1EL Helle Sojasoße
- 1 EL Kochreiswein
- ½ EL Hausgemachte Chilisoße
- ½ TL Pfefferöl
- 1 EL Reisessig
- 1TL+1EL Sesamöl
- 30 ml Sesamsoße
- etwas Salz
- 1500 g Leitungswasser.

Dan-Dan-Nudeln sind ein berühmtes Gericht, das zu den Top 10 der leckersten Nudelgerichte Chinas gehört und 1841 in der westchinesischen Provinz Sichuan entstanden sein soll.

Dan-Dan-Nudeln werden traditionell in kleinen Schüsseln serviert. Bei einem Bankett mit zehn oder mehr Gerichten wird es in der Regel am hinteren Ende des Tisches serviert und dient als Zwischengericht zwischen einem warmen Gericht und Reis.

Dan-Dan-Nudeln sind für ihren kräftigen Geschmack und die Anregung der Geschmacksknospen bekannt.

Sobald die Dan Dan-Nudeln fertig sind, können Sie je nach persönlichem Geschmack entscheiden, ob Sie Sesamsoße hinzufügen möchten.

Berühmte Sichuan Dan-Dan-Nudeln

担担面

Schwierigkeit:
Dauer: ca. 25 min.

1
Die Frühlingszwiebeln und den Knoblauch fein hacken. 1 EL Speiseöl in einer Pfanne erhitzen. Die gehackten Zwiebeln und den Knoblauch darin anbraten, dann beiseitestellen.

1EL
10min
1EL
1EL

2
3 EL helle Sojasoße, Reisessig, Pfefferöl, hausgemachte Chilisoße und 1 TL Sesamöl zu einer Soße verrühren und in eine Schüssel geben.

3
1 EL Speiseöl erhitzen und das Hackfleisch in eine Pfanne geben, den Kochreiswein und die helle Sojasoße dazugeben und bei schwacher Hitze 10 Minuten lang kochen, bis der Großteil der Soße verdampft ist.

Berühmte Sichuan Dan-Dan-Nudeln
担担面

4
1500 g Wasser in einen Topf geben, zum Kochen bringen. Dann 250 g des kochenden Wassers in die Schüssel mit der Soße schöpfen.

5
Mit dem restlichen kochenden Wasser die Nudeln kochen. Den Pak Choi hinzufügen und nach und nach in die Schüssel mit der Soße geben.

6
Hackfleisch auf den Nudeln verteilen, Frühlingszwiebeln und Knoblauch darüber geben. Die gerösteten Erdnüsse in kleine Stücke mahlen und zusammen mit dem Koriander darüber streuen.

Wie macht man die Sesamsoße?

Sie können auch Ihre eigene Sesamsoße hinzufügen, wenn Sie möchten.

1EL Sesamöl in die Sesamsoße geben, mit Stäbchen umrühren. 20 g warmes Wasser hinzufügen und weiterrühren, bis eine dicke Flüssigkeit entsteht, etwas salzen. Dann können Sie die Sesamsoße direkt über die Nudeln gießen.

Schwierigkeit: 
Dauer: ca. 25 min.

Fantastisches Bang-Bang geschnetzeltes Hähnchen
棒棒鸡丝

Zutaten
(für 2 Personen)

- 400 g Hähnchenbrust
- 200 g Gurken
- 15 g Knoblauch
- 50 g Frühlingszwiebeln
- 20 g Ingwer
- 30 g geröstete Erdnüsse
- 1 TL Pfefferkörner
- 20 g Koriander
- 6 EL helle Sojasoße
- 2 EL Reisessig
- 2 EL Sesamöl
- 1 TL Pfefferöl
- 2 TL Zucker
- 1 EL hausgemachte Chilisoße

Geschnetzeltes Hühnchen ist ein traditionelles Gericht aus der westchinesischen Provinz Sichuan. Es ist saftig und rot, zart, würzig und süß mit einem leicht säuerlichen Geschmack.

Die gekochte Hähnchenbrust wird flachgeklopft und dann mit den Händen in dünne Streifen gezupft, mit einer pikanten Soße übergossen und mit gehackten weißen Frühlingzwiebeln und knackigen Gurken belegt. Geschnetzeltes Hühnchen ist eines der beliebtesten kalten Gerichte in chinesischen Restaurants.

Schwierigkeit: 
Dauer: ca. 25 min.

Fantastisches Bang-Bang geschnetzeltes Hähnchen

棒棒鸡丝

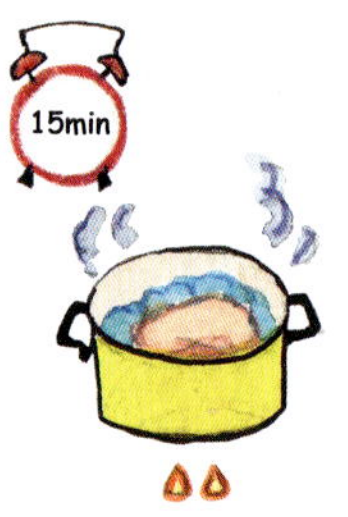

1

Fleisch in einen Topf mit kaltem Wasser geben, Ingwer, grüner Teil der Frühlingszwiebeln und Pfefferkörner hinzufügen und bei starker Hitze zum Kochen bringen. 15 Minuten bei mittlerer Hitze kochen.

2

Die gekochte Hähnchenbrust aus der Pfanne nehmen und in kaltem Wasser abkühlen lassen, bis sie eine lauwarme Temperatur erreicht hat. Die Hühnerbrühe beiseitestellen.

3

Die Gurken mit einem Schäler in dünne lange Scheiben schneiden. Den weißen Teil der Frühlingzwiebel zerkleinern, den Knoblauch pressen. Den Koriander klein schneiden und die gerösteten Erdnüsse mit einer Mühle in Stücke mahlen.

4

Helle Sojasoße, Reisessig, Zucker, Knoblauch, Sesamöl, Pfefferöl und Chilisoße mischen. 8 EL der Hühnerbrühe hinzufügen.

5

Das abgekühlte Hähnchen mit einem Fleischklopfer flachklopft und von Hand in Streifen zerreißen.

6

Das Schreddern Fleisch auf einen mit den Gurkenscheiben ausgelegten Teller legen, mit der Soße übergießen und mit der vorbereiteten weißen Frühlingszwiebel, dem Koriander und den Erdnüssen garnieren.

Schwierigkeit:
Dauer: ca. 25 min.

Saftiger Garnelen-Tofu-Auflauf in Tomatensoße
虾仁茄汁豆腐煲

Zutaten
(für 2 Personen)

- 100 g geschälte rohe Garnelen
- 100 g Tomaten
- 300 g Tofu (weich)
- 1Ei
- 1TL+1/3TL Salz
- 3 TL Speisestärke
- ½ TL Zucker
- 2 EL Speiseöl
- 5 g Frühlingszwiebeln
- 1 TL Sesamöl
- ½ TL weißer Pfeffer (gemahlen)
- 300 g Leitungswasser.

Garnelen-Tofu-Auflauf in Tomatensoße ist super nahrhaft und lecker. Der Tofu und die Garnelen sind sehr weich und zart. Sie werden umhüllt von einer süß-sauren Tomatensoße, was dieses Gericht zu einer sehr sanften, entspannenden Speise macht.

Im Winter wird ein dampfend heißer Topf mit Garnelen-Tofu-Auflauf in Tomatensoße mit Reis serviert. Eine großartige Möglichkeit, die Geschmacksnerven zu befriedigen, ohne dass man befürchten muss, durch zu viele Kalorien zuzunehmen.

Dieses Gericht hat einen sanften, unprätentiösen Stil und ist eine echte Erfrischung in der kulinarischen Welt. Machen Sie es zu Hause und verwöhnen Sie sich selbst.

Schwierigkeit: 
Dauer: ca. 25 min.

Saftiger Garnelen-Tofu-Auflauf in Tomatensoße
虾仁茄汁豆腐煲

1

Das Ei trennen. Eiweiß, Speisestärke, Zucker und 1 TL Salz mit den Garnelen in einen Mixer geben und zu einer Paste schlagen. 20 Minuten im Kühlschrank abkühlen lassen.

2

Tomaten würfeln und Frühlingszwiebeln hacken.

2EL

300g

3

2EL Speiseöl in einer Pfanne auf großer Flamme erhitzen, die gehackten Tomaten anbraten. 300 g Wasser hinzugeben und zum Kochen bringen.

4

Tofu würfeln und hineingeben. Dann aufkochen lassen.

5

Wenn die Suppe im Topf kocht, die Hitze auf mittlere Stufe reduzieren. Die Garnelenpaste aus dem Kühlschrank nehmen, mit den Händen zu Kugeln formen und vorsichtig in die Suppe geben.

6

1/3 TL Salz, gehackte Frühlingszwiebel, Sesamöl und weißen Pfeffer hinzugeben, sobald sie kochen.

Schwierigkeit: 
Dauer: ca. 20 min.

Frische Garnelen und Vermicelli im Topf
鲜虾粉丝煲

Zutaten
(für 2 Personen)

- 168 g frische Garnelen (ungefähr 6 Stück)
- 130 g Chinakohle
- 100 g Enoki-Pilze
- 50 g getrocknete Vermicelli
- 25 g Knoblauch
- 30 g Frühlingszwiebeln
- 30 g rote Chilischoten
- 4 EL Speiseöl
- 1 TL Zucker
- 4 EL helle Sojasoße
- 2 EL Austernsoße
- 1 TL weißer Pfeffer (gemahlen)
- 1TL Sesamöl

Dies ist eines der Gerichte, bei denen man die Augenbrauen hochziehen kann.

Garnelen-Vermicelli im Topf sind ein einfaches und köstliches Gericht mit Meeresfrüchten. Die frischen Garnelen sind zart und süß. In Kombination mit den Vermicelli ergibt sich so ein sehr leckeres Gericht!

Bitte verwenden Sie frische, nicht gefrorene Garnelen, um das ganze Geschmackspotential des Gerichts zu erleben.

Egal ob grobe oder feine Vermicelli, das Gericht schmeckt mit beiden Varianten hervorragend.

Schwierigkeit: 🏮🏮
Dauer: ca. 20 min. 🕐🕐

Frische Garnelen und Vermicelli im Topf
鲜虾粉丝煲

1
Rücken der Garnelen öffnen und Garnelenfäden entfernen.

2
Getrocknete Vermicelli in heißem Wasser einweichen.

3
Knoblauch pressen.

4
rote Chilischoten waschen, entkernen und in kleine Stücke hacken.

Schwierigkeit:
Dauer: ca. 20 min.

Frische Garnelen und Vermicelli im Topf
鲜虾粉丝煲

5
Chinakohl waschen und in 2 cm breite, mundgerechte Stücke schneiden.

6
Frühlingszwiebeln waschen und in Röschen schneiden.

7
Wurzeln der Enoki-Pilze abschneiden und die Pilze waschen.

8
Den Chinakohl auf den Boden eines Topfes legen. Dann Enoki-Pilze, eingeweichten Vermicelli und Garnelen in dieser Reihenfolge auf den Chinakohl legen.

Schwierigkeit:
Dauer: ca. 20 min.

Frische Garnelen und Vermicelli im Topf
鲜虾粉丝煲

9

Speiseöl in einer Pfanne bei starker Hitze erhitzen, die Knoblauchpaste, die gehackten rote Chilischoten und die Hälfte der Frühlingszwiebeln hinzugeben. Zucker hinzufügen und rührend anbraten, bis es stark duftet.

10

Helle Sojasoße, Austernsoße, weißen Pfeffer und 100 g Wasser hinzufügen, gut umrühren und die Soße zum Kochen bringen.

11

Die Soße gleichmäßig über das Gemüse und die Garnelen in den Topf gießen.

12

Hitze auf mittlere Stufe stellen und 5 Minuten kochen. Sesamöl darüber gießen und die restliche Hälfte der gehackten Frühlingszwiebeln darüber streuen. Fertig!

Schwierigkeit: 

Dauer: ca. 10 Tage   

Luftgetrocknetes Schweinefleisch mit Sojasoße

正月酱肉

Zutaten

(für mehrere Personen)

- 1850 g Schweinefleisch
- 70 g Salz
- 10 g Sichuan-Pfefferkörner
- 1 Zimtstange
- 4 Lorbeerblätter
- 5 g Koriandersamen
- 3 g Sternanis
- 10 ml Vodka
- 300 ml helle Sojasoße
- 200 ml dunkel Sojasoße
- 1 EL Zucker

Jedes Jahr zum chinesischen Frühlingsfest gibt es eine sehr köstliche Delikatesse: Winterliches, luftgetrocknetes Schweinefleisch, mit Sojasoße gewürzt.

China ist ein riesiges Land und aufgrund der klimatischen Unterschiede präsentiert jede Region ihre eigene Version dieses Gerichts. Hier ist ein hausgemachtes Rezept aus Jiangsu, Zhejiang und Shanghai (Südostküste).

Je länger das Schweinefleisch mit Sojasoße gewürzt luftgetrocknet wird, desto schmackhafter wird es. Jeden Winter sind die Straßen erfüllt von dem verlockenden Duft, dem Geruch von Heimat, indem Liebe steckt.

Die Liebe lindert die Kälte des Winters, und die Wärme des Zuhauses wird durch das Gericht aufrechterhalten.

Schwierigkeit: 

Dauer: ca. 10 Tage

Luftgetrocknetes Schweinefleisch mit Sojasoße
正月酱肉

Schritte zum Marinieren

10g

1
Salz und Pfefferkörner mischen, in einer Pfanne bei mittlerer Hitze anrösten und abkühlen lassen.

2
Schweinefleisch vierteln, mit Wasser abwaschen, trocken tupfen und in eine Schüssel geben, die groß genug ist, um das Fleisch aufzunehmen.

3
Vodka gleichmäßig über das Fleisch geben.

4
Das Fleisch mit dem gerösteten Salz und Pfeffer überstreuen, kurz abkühlen lassen und anschließend alle Zutaten gleichmäßig einreiben.

5
Die Schüssel abdecken und über Nacht draußen stehen lassen.

Schwierigkeit:
Dauer: ca. 10 Tage

Luftgetrocknetes Schweinefleisch mit Sojasoße
正月酱肉

6
200 ml Wasser, helle und dunkle Sojasoße, Zimtstange, Lorbeerblätter, Koriandersamen, Sternanis und Zucker in den Topf geben. Bei starker Hitze zum Kochen bringen und die Soße abkühlen lassen.

7
Am nächsten Morgen das Fleisch waschen und in die Soße geben. Am besten ist es, wenn das gesamte Fleisch in die Soße getaucht wird.

8
3 Tage (72 Stunden) zugedeckt draußen stehen lassen.

9
Das Fleisch aus der Soße nehmen und 3-7 Tage im Freien trocknen lassen (je nach Wetterlage).

Schwierigkeit:

Dauer: ca. 10 Tage

Luftgetrocknetes Schweinefleisch mit Sojasoße
正月酱肉

1

400 g Chinakohl waschen, in Stücke schneiden und in eine große Schüssel geben.

2

200 g des marinierten, luftgetrockneten Schweinefleischs in dünne Scheiben schneiden und kreisförmig auf den Chinakohl legen.

3

20 Minuten bei starker Hitze im Wasser dämpfen.

Schwierigkeit: 
Dauer: ca. 5 Std.

Hausgemachte gebratene Ente aus dem Ofen
家常烤鸭

Zutaten
(für 4 Personen)

- 2 kg frische Ente
- 500 g gebratene Entenpastete
- 100 g Honig
- 1 EL Kochreiswein
- 1 EL Reisessig
- 2 mittel-große Äpfel
- 1 Orange
- 200 g Gurken
- 100 g Frühlingszwiebeln
- 100 g Tianmian Sauce mit Zucker und Süßungsmittel
- 2 TL Zucker
- 1500 ml + 100 ml + 20 ml Wasser

Die berühmteste aller Enten ist die Peking-Ente. Sie wurde bereits 400 n. Chr. schriftlich festgehalten. Sie ist eine beliebte und weltberühmte chinesische Delikatesse.

Die Peking-Ente wird mit einer bestimmten Entensorte über einem Holzkohlefeuer gegart. Dabei wird die Haut der Ente in einem komplizierten Verfahren aufgeblasen, um einen Haut-Fleisch-Trennungseffekt zu erzielen. In China ist das Essen von gebratener Ente eine sehr rituelle Angelegenheit, für die man normalerweise in Restaurants geht.

Es gibt jedoch eine relativ einfache Möglichkeit, einen chinesischen Entenbraten zu Hause selbst zuzubereiten. Der Geschmack kommt dem der Peking-Ente sehr nahe und ist überaus schmackhaft.

Schwierigkeit: 🏮🏮🏮

Dauer: ca. 5 Std.

Hausgemachte gebratene Ente aus dem Ofen
家常烤鸭

1

Die Ente waschen, 1500 g Leitungswasser kochen und über Ente Haut Gießen, die Haut straff ziehen und die Haare von der Ente entfernen.

2

100 g warmes Leitungswasser mit dem Honig verrühren, dann den Kochreiswein und den Reisessig hinzufügen, um die Soße zuzubereiten.

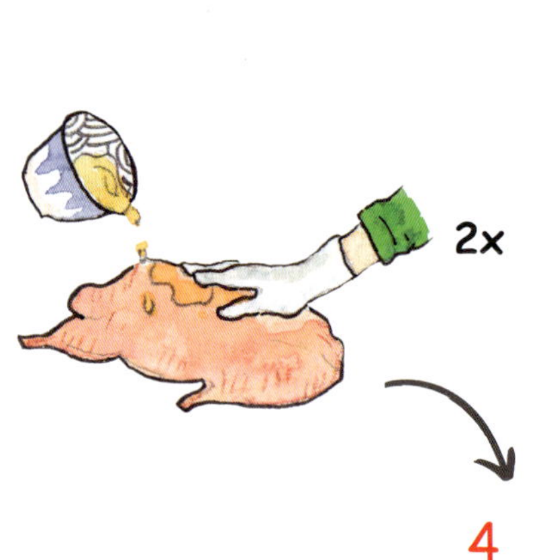

3

Die Haut der Ente mit der Honigsoße bestreichen, zweimal wiederholen.

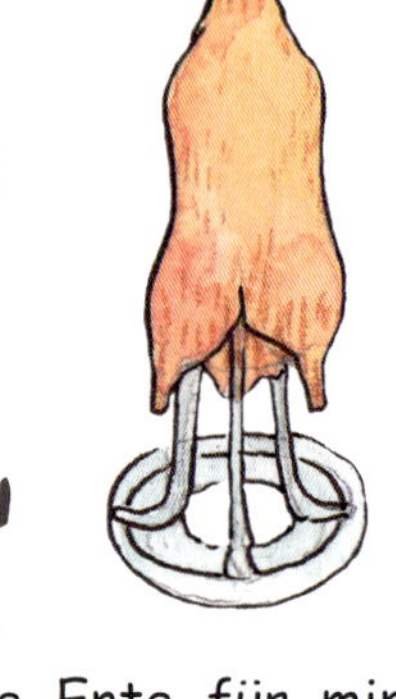

4

Die Ente für mindestens 3 Stunden zum Trocknen aufhängen.

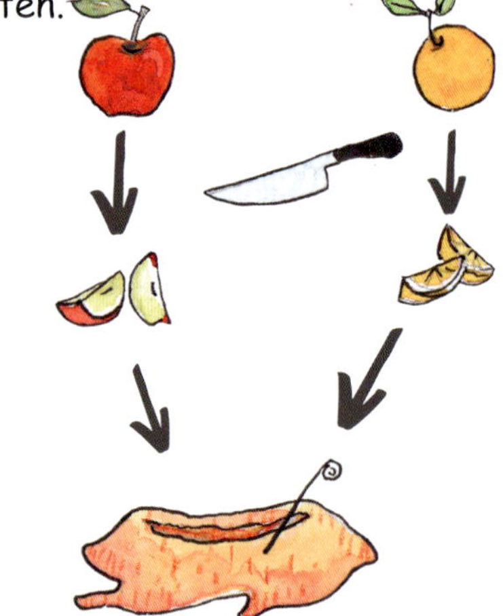

5

Die Orangen und Äpfel in Stücke schneiden, den Bauch der Ente damit füllen und mit einer Stahlnadel verschließen.

Schwierigkeit:

Dauer: ca. 5 Std.

Hausgemachte gebratene Ente aus dem Ofen

家常烤鸭

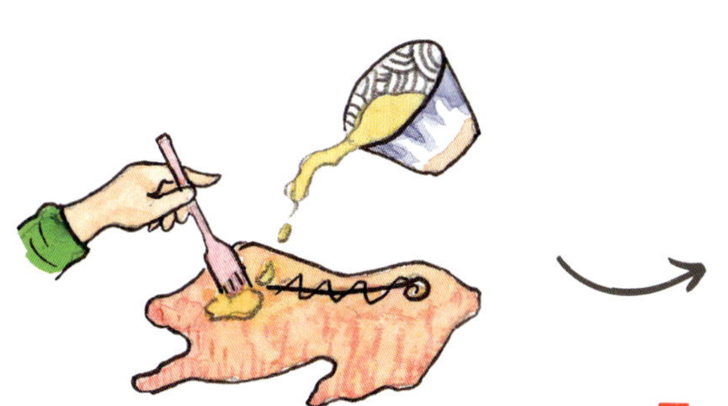

6

Eine weitere Schicht der Honigsoße auftragen.

10min + 30min 20min

180°C

7

In den vorgeheizten Backofen 180°C (Umluft) geben. 10 Minuten lang mit der Rückseite nach oben braten, dann umdrehen und 30 Minuten lang mit dem Bauch nach oben braten. Anschließend wieder umdrehen und 20 Minuten lang mit der Rückseite nach oben braten. 60 Minuten insgesamt.

2TL

1EL

100g

8

20 ml Wasser mit der Tianmian Sauce, dem Sesamöl und dem Zucker mischen und zu einer Dip-Soße aufkochen.

9

Den Entenbraten in dünne Scheiben schneiden, die Gurke und die Frühlingszwiebeln zerkleinern und servieren.

Schwierigkeit: 
Dauer: ca. 5 Std.

Hausgemachte gebratene Ente aus dem Ofen
家常烤鸭

Wie isst man gebratene Ente?

- Die gebratene Entenpastete auf einem Teller ausbreiten, ein Stäbchen in etwas Dip-Soße tauchen und in der Mitte der Kruste verteilen.
- Ein Stück gebratenes Entenfleisch nehmen und auf die Pastete mit der Dip-Soße legen.
- Die Ente mit den zerkleinern Frühlingszwiebeln und der Gurke belegen.
- Rollen Sie den Inhalt der Pastete auf und schicken Sie ihn in den Mund.

Nachdem die Ente in Scheiben geschnitten wurde, die restlichen Entenknochen hinzufügen und mit Wasser aufgießen. Auf kleiner Flamme 30 Minuten köcheln lassen, dann Salz und gehackte Frühlingszwiebeln hinzugeben - fertig ist eine sehr schmackhafte Suppe.

Schwierigkeit: 🏮🏮🏮
Dauer: ca. 24 Std. 🕐🕐🕐🕐🕐🕐

Berühmt: Klassische Shanghai-Klöße aus der Pfanne
上海生煎

Zutaten
(für 4 Personen)

- 10 g Gelatineblätter
- 260 g Weizenmehl (550)
- 300 g+130 g Leitunswasser
- 260 g Allzweckmehl
- 3 g Backpulver
- 3El+1EL Speiseöl
- 10 g Frühlingszwiebeln
- 5 g geschälter Ingwer
- 200 g rohes Schweinehackfleisch
- 1TL Salz
- 1 g weißer Pfeffer
- 1EL dunkle Sojasoße
- 1EL Zucker
- 1TL Sesamöl
- geröstete schwarze und weiße Sesamsamen
- Frühlingszwiebeln

Shanghai ist die größte und wohlhabendste Stadt Chinas, mit einem eigenen Dialekt und einzigartigen Essgewohnheiten. Der Duft, der von gebratenen Shanghai-Klößen durch die Straßen und Gassen strömt, ist einer der einprägsamsten Aromen Shanghais. Shanghai-Klöße sind aufwändig und stellen daher auch erfahrene Köche auf eine besondere Geduldsprobe. Doch der Aufwand lohnt. Denn der köstliche Geschmack wird Sie in eine andere Welt entführen. Wer gebratene Shanghai-Klöße einmal probiert hat, wird die dünne Haut, die köstliche Soße und Füllung, die beim Hineinbeißen herausfließt, nie wieder vergessen. Tauchen Sie die Klöße in etwas süßen Essig, nehmen Sie einen kleinen Bissen und warten Sie, bis die heiße Soße herausfließt, bevor Sie einen großen Bissen nehmen, damit Sie sich nicht verbrennen.

Sollten Sie auf den Straßen Shanghais ungeduldig und hungrig werden, gibt es eine einfache Lösung. Gehen Sie in ein Restaurant und kaufen Sie eine Portion gebratene Shanghai-Klöße (vier Stück) mit einer Schüssel Curry-Rindfleisch-Glasnudel-Suppe oder einer eiskalten Cola, und Ihr Gemüt wird sich beruhigen.

Wie bereitet man den Teig zu?

1

Backpulver und 130 g Wasser zum Mehl geben und mit einer Küchenmaschine zu einem glatten Teig verarbeiten.

2

Den Teig in Frischhaltefolie einwickeln und 1 Stunde lang in den Kühlschrank stellen.

Berühmt: Klassische Shanghai-Klöße aus der Pfanne
上海生煎

Wie bereitet man das Suppengelee zu?

1
Gelatineblätter in 300 g kaltem Leitungswasser einweichen.

2
Kochen Sie diese anschließend kurz auf.

3
Flüssigen Inhalt in eine Schüssel füllen und über Nacht in den Kühlschrank stellen.

4
Die Gelatine herausnehmen, in kleine Stücke schneiden und beiseitestellen.

Schwierigkeit: 

Dauer: ca. 24 Std.

Berühmt: Klassische Shanghai-Klöße aus der Pfanne

上海生煎

Wie bereitet man die Füllung zu?

1

Das Zwiebel-Ingwer-Wasser: Die Frühlingszwiebeln und den Ingwer etwas zerkleinern und mit dem Wasser in den Mixer geben. Durchmixen, bis keine Stücke mehr zu sehen sind.

2

Das rohe Schweinehackfleisch mit Salz, dunkler Sojasoße, weißem Pfeffer und Sesamöl vermengen.

3

Ein Drittel des Frühlingszwiebel-Ingwerwassers hinzugeben und umrühren, bis das Wasser aufgesogen ist. Das gesamte restliche Frühlingszwiebel-Ingwerwasser hinzufügen und weiterrühren, bis die Füllung klebrig ist.

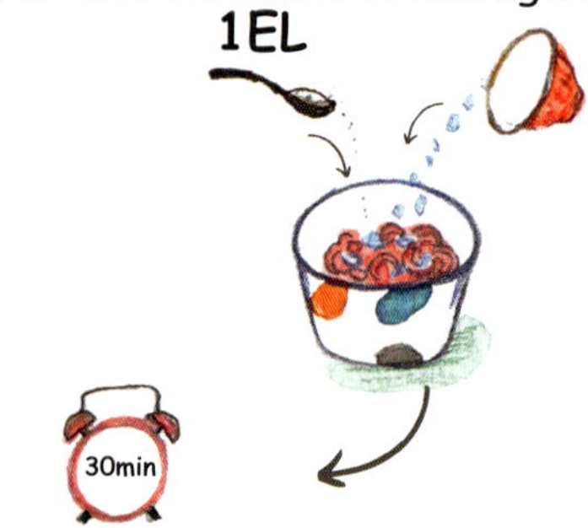

4 **im Kühlschrank**

Den Zucker hinzufügen, die Gelatinestücke unter die Fleischmasse mischen und 30 Minuten in den Kühlschrank stellen.

Schwierigkeit: 🏮🏮🏮
Dauer: ca. 24 Std.

Berühmt: Klassische Shanghai-Klöße aus der Pfanne

上海生煎

Wie bereitet man die Klöße zu?

1
Den Teig für die gebratenen Shanghai-Klöße kräftig durchkneten und zu einer langen Teigwurst rollen.

2
In Stücke à 25 g schneiden.

3
Kaltes Speiseöl über die Teigstücke gießen. Mit einem Nudelholz handgroß und rund rollen.

4
Je Teigstück 30 g Füllung einwickeln. Die Teigstücke fest zusammendrücken, damit die Füllung nicht ausläuft.

Schwierigkeit: 🏮🏮🏮
Dauer: ca. 24 Std.

Berühmt: Klassische Shanghai-Klöße aus der Pfanne
上海生煎

Wie brät man die Klöße?

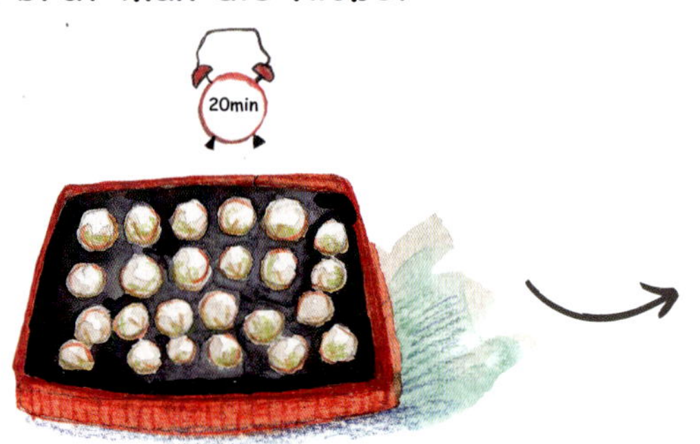

1
Alle Klöße in ein Küchentuch einwickeln und 20 Minuten bei Raumtemperatur ruhen lassen.

1EL

2
Die Klöße gleichmäßig in einer Antihaft-Pfanne verteilen, nicht zu dicht. 1EL Speiseöl in die Pfanne geben, auf dem Pfannenboden verteilen und den Herd auf mittlere Stufe stellen. Die Hitze sollte gleichmäßig in der Pfanne verteilt sein.

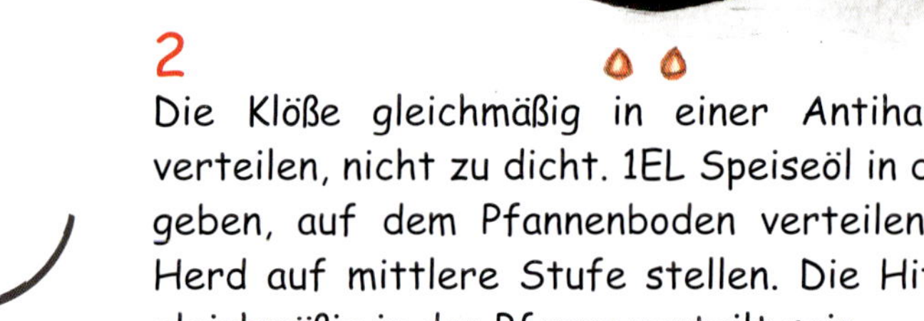

3
Wenn das Speiseöl heiß ist, mit Leitungswasser ablöschen (Vorsicht Spritzgefahr! Schützen Sie sich mit einem Deckel).

4
Die Pfanne mit einem Deckel (mit Loch) abdecken und köcheln, bis das Wasser fast verdampft und die Unterseite der Klöße braun und knusprig ist.

5
Die Klöße anrichten und mit geröstetem schwarzem und weißem Sesam und fein gehackten Frühlingszwiebeln bestreuen.

Wie isst man Klöße, um als Chinese oder Chinesin zu gelten?

1

Die Stäbchen mit Zeigefinger, Daumen und Mittelfinger halten. Die Handflächen zeigen nach innen. Den gebratenen Kloß von unten aufnehmen und zum Mund führen.

2

Den Kloß vorsichtig anbeißen. Achtung, es besteht Verbrennungsgefahr! Daher das Fleisch und den Saft zunächst etwas auskühlen lassen. Die Temperatur des Kloßes durch Probieren mit der Zungenspitze testen.

3

Nachdem Sie sich sicher sind, dass der Saft nicht mehr heiß ist, kann es losgehen. Öffnen Sie Ihren Mund in O-Form, umschließen Sie mit Ihren Ober- und Unterlippen das offene Loch der gebratenen Klöße und saugen Sie den Saft der Füllung in Ihren Mund heraus. Um zu verhindern, dass das Fleisch und der Saft gleichzeitig ausgesaugt werden, halten Sie Ihre Zungenspitze an das Fleisch.

4

Essen Sie einen Bissen (höchstens zwei bis drei), bevor Sie die Füllung vollständig aussaugen.

ENDE!